U0507251

爱立方
Love cubic

育儿智慧分享者

微信扫描以上二维码，或者搜索"爱立方家教育儿"

公众号即可加入"爱立方家教俱乐部"，阅读精彩内容：

孩子上小学了，妈妈怎么教

老师开给忙妈妈们的一张小学教养处方

〔韩〕李谞昀◎著　邢青青◎译

北京理工大学出版社
BEIJING INSTITUTE OF TECHNOLOGY PRESS

版权专有 侵权必究

图书在版编目（CIP）数据

孩子上小学了，妈妈怎么教：老师开给忙妈妈们的一张小学教养处方 /(韩) 李谞昀著；邢青青译. — 北京：北京理工大学出版社, 2016.1
ISBN 978-7-5682-1457-5

Ⅰ.①孩… Ⅱ.①李… ②邢… Ⅲ.①小学生－家庭教育 Ⅳ.①G78

中国版本图书馆CIP数据核字(2015)第260653号

초등생활 처방전
Copyright © 2014 Lee Seo Yoon
All rights reserved.
Original Korean edition published by Book21 Publishing Group
The Simplified Chinese Language edition © 2016 by Beijing Institute of Technology Press through Beijing read product joint culture media Co.,Ltd.
The Simplified Chinese translation rights arranged with Book21 Publishing Group through EntersKorea Co., Ltd., Seoul, Korea.

著作权合同登记号 图字：01-2015-6151

出版发行 / 北京理工大学出版社有限责任公司
社　　址 / 北京市海淀区中关村南大街 5 号
邮　　编 / 100081
电　　话 / （010）68914775（总编室）
　　　　　 82562903（教材售后服务热线）
　　　　　 68948351（其他图书服务热线）
网　　址 / http://www.bitpress.com.cn
经　　销 / 全国各地新华书店
印　　刷 / 三河市金泰源印务有限公司
开　　本 / 700 毫米 × 1000 毫米　1/16
印　　张 / 17.5　　　　　　　　　　　　　　　责任编辑 / 徐春英
字　　数 / 214千字　　　　　　　　　　　　　文案编辑 / 张妍蕾
版　　次 / 2016年1月第1版　2016 年 1 月第 1 次印刷　责任校对 / 周瑞红
定　　价 / 32.00元　　　　　　　　　　　　　责任印制 / 边心超

图书出现印装质量问题，请拨打售后服务热线，本社负责调换

你是饲养孩子的家长，还是教育孩子的家长？

打破野鸡生下的鸡蛋，用手按压蛋黄，可看到蛋黄变形，松开手后，蛋黄会迅速恢复原形。不过用同样的方式按压家鸡生下的鸡蛋的蛋黄，蛋黄会轻易碎掉。为什么会出现这种现象呢？野生状态下长大的鸡要经历各种磨炼和险境，因此恢复能力强，而在狭窄的鸡棚中饲养的家鸡没有能够战胜外部磨炼和险境的能力。

同样，将孩子封闭在狭窄的空间中，只让他动脑学习的方式不是教育，而是饲养。在温室中饲养长大的孩子，无法具备战胜外界困难的能力。

从"家长"变身为"父母"的方法只有一个，那就是回归父母真正的身份。要做到这一点，就应该放弃让孩子所有科目全优的野心。每个孩子都有其独特的个性和才能。然而上学会使孩子为了提高"成绩"，磨灭掉他们的"个性"。

"学校"的英语单词是"school"，这个单词还有"一群"的意思。例如"一群鱼"用英语说就是"a school of fish"。学校应当是发掘孩子隐藏的才能，培养让孩子受益一生的个性与能力的地方，但现实却并不尽如人意。

本书中，作为小学教师的作者针对父母和孩子出现的问题，提出用"游戏"的方式解决的建议。对于父母苦恼的问题，作者用发生在学校生活中的实例予以详细具体的解答。书中还介绍了各种父母和孩子可以在家中玩的情绪游戏、学习游戏、生活游戏，其中包括游戏效果、准备物品、贴心提示等。

这本书如同随笔，引发共鸣；如同哲学，发人深省。希望大家通过阅读本书，在寻找幸福的过程中，向孩子传递信赖与爱。这本包含李老师经验和智慧的书籍，可以让大家马上行动起来，培养幸福的孩子。大家对这本书感到好奇吗？那就打开它吧。

汉阳大学教育学教授、知识生态学者　刘永晚

前　言

打开育儿之门的魔法钥匙

　　从孩子走进学校的那一刻起，我们就变得紧张、好奇、坐立不安。对我们来说独一无二的孩子，就要坐到教室中，成为无数普通学生中的一员，想想就有些不舒服。在没有标准答案的育儿过程中的彷徨和步履维艰，我想这应该是世界上最让父母感到煎熬的事情吧！

　　成人在贴上"父母"的标签后，生活就有了翻天覆地的变化。在养育孩子的过程中，我们不由地回顾自身的伤痛和过去，审视自己的现在和未来。养育孩子所需要的忍耐和牺牲，能够唤起我们精神上的成熟与革命，使我们经历治愈与成长。

　　因养育孩子而精疲力竭的父母，抱怨着时间仿佛被魔法定住一般缓慢，"什么时候孩子才会长大呢？"然而不知不觉间又发现钟表似乎被谁转动过一样，时光飞一般地溜走。孩子长大了，我们又感叹，"还是小时候好，和孩子一起度过的年轻时代真的很幸福。"让育儿的时间充满甜蜜吧！如果有魔法钥匙可以让育儿过程充满甜蜜，您会使用它吗？打开育儿神秘大门的魔法钥匙就是同父母的"关系"和"沟通"。我认为，只有和孩子在一起，才会寻找到育儿的答案。

孩子幸福长大，需要的不是优秀的成绩以及名牌大学，而是自尊、乐观、行动力、恢复力、感恩和梦想。父母只有和孩子"正确地"在一起，才能使孩子拥有这些，收获幸福。

孩子身上出现的小问题，可以通过和父母的沟通交流而减少。英才教育亦如此，英才、天才、伟人的背后通常有优秀的父母。要知道，优秀的父母可以让平凡的孩子变得非凡。

本书向大家介绍了父母在和孩子沟通的过程中，"在一起"与"游戏"的意义。根据我在学校与学生共处的经验，对于父母与孩子之间的问题，只需简单的处方，例如和孩子在家中做一些游戏等，就可以轻松解决。

本书中的游戏与活动，也许会让忙于工作的父母变得更加劳累。不过读完本书后，哪怕只实践其中的一部分，大家也会有巨大的收获，变身优秀的父母。我在书中尽量全面地介绍了孩子与父母之间的问题，以及简单易操作的解决方法。希望通过书中与孩子身心沟通的处方笺，彷徨的父母能找到育儿过程中近似正确答案的答案。

感谢编写本书时给予我灵感的人，感谢不管遇到什么困难，一直支持我、鼓励我的父母。谨以此书献给我深爱的父母，以及天下间所有的父母。

期待世上所有的父母和孩子都能幸福。

李谞昀

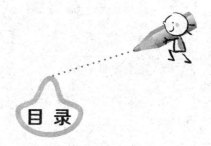

目 录

第3章　与孩子沟通的处方笺 / 173

第1篇　情绪游戏 / 174

附　录 / 260

我的父母指数测试

 我的父母指数是多少?

01. 每天和孩子的对话时间超过 20 分钟。

02. 与孩子每周有两次以上积极快乐的相处时间。

03. 可以说出 5 种与孩子相处的方式。

04. 育儿虽有辛苦的时候,但大部分是快乐的。

05. 知道孩子喜欢的科目,讨厌的科目,以及擅长的科目。

06. 经常称赞孩子。

07. 经常对孩子表达爱意。

08. 持续地教育和训斥孩子。

09. 对于如何教育孩子心中有自己的框架。

10. 尊重配偶。

11. 自认为是好父母。

12. 努力向孩子展现好的一面。

13. 告诉孩子方法,引导其独立。

14. 和孩子开玩笑度过闲暇时光。

15. 我很幸福。

10~15 个	与孩子的相处温馨甜蜜,希望一直保持下去。
5~9 个	虽然相互知道对方的爱,不过需要再努力一把,才能去掉相处时偶尔感觉到的苦涩。
0~4 个	不能把爱藏在心底。为了甜蜜的相处,需要更加努力。

读这本书之前，请回答以下问题。

对于孩子，我主要苦恼哪些事情？

_____

_____

_____

_____

我和孩子相处的方式是什么？

_____

_____

_____

_____

_____

孩子眼中的我：孩子认为我是什么样的父母？

_____

_____

_____

_____

_____

请对在学校坐了一整天的孩子说一句"辛苦了"。

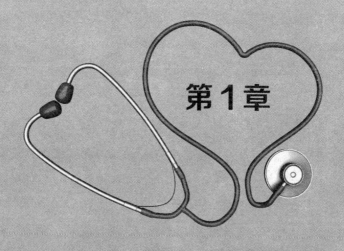

第1章

孩子听诊器

01 没多少朋友

文静的静雅成绩优异，朋友不算多，不过同为数不多的朋友关系不错。静雅的妈妈为静雅性格内向、没多少朋友而担心。因此每当静雅放学回家，她都会问静雅"今天和谁一起玩儿了？""最近跟谁关系最好？"，以此来确认静雅的朋友关系。现在静雅回家后，不等妈妈提问，就会主动说道："妈妈，我今天和敏智一起玩儿了，和萱智一起说了很多话。"

课间休息时间，孩子们一般都跑出去玩耍。仅仅十分钟的休息时间对孩子们来说无比珍贵。尽管如此，仍有孩子在休息时间不和朋友们一起玩耍，而是拿起书本看书。在休息时间看书的孩子可以分为两种。

一种是孩子本身喜欢独处，喜欢读书。另一种是想和朋友们一起玩，但受到大家的排挤，不得不看书。

孩子性格内向，喜欢独处，想要一个人看书。对于这样的孩子，父母总是希望他能变得活泼，交到许多朋友，成为主导朋友间气氛的人。不过，内向和外向，实际上并不是完全对立的。

生活中因孩子性格内向、朋友太少而担忧的父母不在少数。不过，孩子活泼、性格外向也并不一定全是优点。内向型的孩子喜欢安静地做研究，具有冷静理性的优点。这也是过于外向孩子的父母的羡慕之处。如果静雅过分外向，注意力散漫，成绩不好，妈妈担心的又会是另外的问题了。妈妈在静雅放学回家后肯定会问："今天好好听课了吗？""今天学了什么？"

孩子本身不喜欢夹在人多的地方，如果勉强他和朋友们好好相处，反而会给他带来压力。性格内向的孩子，他的父母多数也是性格内向、喜欢独处的人。从这一点看，也许父母更能理解孩子。对于内向的孩子，与其强制要求他交更多的朋友，不如对他说"交朋友慢慢来吧。不是说朋友越多越好，只要跟好朋友好好相处就行啦"。这样孩子就会自己寻找到与自己合拍的朋友，当孩子有想要亲近的朋友时，我们只需鼓励他去靠近朋友即可。

如果父母不尊重孩子，勉强他去交和自己不合拍的朋友，最终只会导致孩子和朋友间的关系越来越差。特别是父母对孩子性格的否定，如"交朋友有那么难吗？你怎么就是不会和朋友好好相处呢？"会使孩子变得自卑。

朋友关系固然重要，但朋友的质比量更重要。在学校只要交到一个好朋友就可以增加孩子在学校生活的自信。可是一旦被同学们排挤，学校生活就会变得十分苦闷。因此孩子朋友少不是问题，没有朋友才是问题。

当孩子想交朋友遇到困难时，作为父母应该及时给予帮助。不过买好吃的给孩子的朋友们，或者经常抓一把零食让孩子分给其他同学的行为需要慎重考虑。这么做确实在一定程度上能帮助孩子交友。但交朋友的过程应该是发现与自己志趣相投的朋友，主动地靠近，最后成为好朋友。如果没有经历这一过程，别的小伙伴只有孩子分发零食的时候才稍作停留，是无法交到朋友的。

有的孩子天生擅长交朋友，与朋友友好相处。这样的孩子人际关系处理能力很高。不过决定朋友关系的重要因素不只是遗传，还要后天的习得。因此父母应该告诉孩子与朋友相处的方法。例如，要用心去关怀朋友，当自己的想法和朋友的想法发生冲突时，应该灵活地寻找解决之道。

如果父母能对孩子的情绪感同身受，并将自己的感情直率地表达给孩子，那么孩子就会学到表达感情的方法。父母还应该教给孩子如何去表达难以言说的感情。当孩子与朋友发生矛盾时，如果孩子用发火或者因为小事哭泣的方式来表达情感，会使朋友们疏远孩子。

总是忍住不发火是不对的，认为只要发火生气就是错误的想法更加不对。孩子应该学会如何用合适的方法表现自己的负面情绪。当孩子与朋友因意见不一致而感到生气的时候，家长应该教孩子通过"我觉得这样做是对的。你不能让步吗？你让步的话我会这样做"等方式与朋友达成一致。

大部分家庭教育中，与朋友关系相比更重视成绩。父母送孩子去补习班，让孩子多做题，并认真教孩子"如何"学习。但是对于朋友关系，家长一般只说一句"和朋友好好相处"。孩子与朋友的关系是否和谐，取决于在家庭中学到的习惯以及父母对此的关心程度。孩子受欢迎是有其原因的，而父母的努力就是原因之一。

如果希望孩子同朋友和谐相处，就认真教孩子亲近朋友的方法，与朋友闹矛盾时的解决方法吧。朋友是孩子上学的动力，也是生活的乐趣所在。同朋友友好相处会让我们的孩子更加享受学校生活。

处方笺　请翻看第 3 章"与孩子沟通的处方笺"中的内容。

01. **坦率表达内心**（175 页）让孩子多练习表达情感和内心的想法，打造多与父母对话的氛围。

07. **熟悉感情表达方式**（198 页）孩子只有正确表达出现在的朋友状况，才能成长为精神健康的孩子。

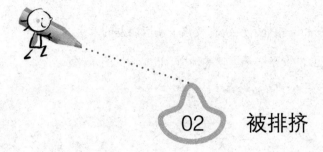

02　被排挤

　　美林三年来一直受到班里同学的排挤。现在她上小学三年级，从一年级开始就被同学孤立。受到排挤后，美林就开始讨厌上学。遭遇同学孤立的她还特别依赖班主任。美林产生了受害意识，同学们不经意的话语和动作都被她视为是讨厌自己，于是会放声大哭，向老师告状。

　　美林讨厌自己所处的状况，出现了逃避现实的倾向。不管对方是谁，只要对方说了她不想听的话，她就会捂住耳朵。美林的问题越来越严重。现在她在上课的时候只听自己想听的内容，课后作业也不去做。美林断定"大家都不想和我一起玩儿"，放弃了主动靠近朋友。因此，美林也越来越被排挤和孤立。

　　美林的妈妈教美林，"大家欺负你是因为你太好欺负了。如果有人欺负你，就大喊，将对方打一顿。"有时候美林的妈妈甚至会直接把欺负美林的同学叫过来训斥一顿。这样一来导致情况更加恶化。

　　"啊——"

　　"是谁啊？上课时间怎么在教室里大喊大叫呢？"

　　向大声喊叫的孩子询问后才知道，原来是他不小心摸到了同班的志焕摸过的实验教具。志焕正被同级的孩子们排挤，大家认为志焕摸过的东西、坐过的地方有"病毒"，对志焕十分回避。还有的孩子以杀菌为名，将志焕用过的实验教具扔出窗外。到底这些孩子是怎么想的呢？更令人惊讶的是，别的年级、别的班，以及别的地方也有视被排挤的孩子为"病毒"的情况。

电影《帮助》以1963年美国密西西比州为背景拍摄。当时黑人不能做别的工作，只能去白人家做女佣。歧视黑人的白人认为和黑人共用洗手间会得病，因此为黑人在屋外单独设立了洗手间。影片中，在风雨交加的某一天，无法去露天洗手间的黑人使用了白人主人的洗手间，因此被解雇。而与此相似的情景竟然发生在了21世纪的韩国小学教室中。

被排挤的孩子幼小的心灵会受到伤害。而小时候的心灵创伤会一直持续到成年，引发忧郁不安的病症。看到有孩子因受排挤而自杀的新闻，也使父母们十分关注自己的孩子是否受到了朋友的排挤。实际上被排挤有多种原因，因此解决方法也有多种。

被排挤的原因也许在于被排挤的人身上，也有可能毫无缘由地产生。有可能原因在加害者身上，也有可能加害者没有任何问题。

被排挤孤立的形式也有多种。有些孩子通过无事生非、起外号、辱骂等方式排挤他人。也有的孩子通过不搭理、无视对方的间接方式排挤他人。

从男女性别差异上看，男孩子一般采用无事生非、起外号、辱骂等让对方感到生气的带有攻击性的方式。女孩子多采用完全不和对方说话、无视对方的冷方式。

有关学者认为，被排挤的形式可以分为三大类，分别是挥拳头、扔掷东西、推搡身体等身体上的排挤；辱骂、起难听的外号、捉弄等语言上的排挤；传播不好的传闻、拒绝一起玩耍、无视对方等间接形式的排挤。

有的孩子认为自己没有对受害者进行身体上的伤害，自己没有错。孩子的父母也认为孩子的行为只是开玩笑，不必过于敏感。不过大家应该知道，即便没有在身体上伤害对方，而是间接的排挤对方，也是排挤的一种。到底有没有排挤对方，最有发言权的不是施害者，而是受害者。当然，我们也须调查清楚，是受到排挤的孩子反应过度，还是施害者真的通过间接的手段排挤对方。

排挤他人的孩子有以下特点：

对他人有着强烈的支配欲，用力量和威胁的方式表达自己的立场，希望强迫朋友遵从自己的意愿，而且脾气急躁，经常发火，比较冲动，耐性差。喜欢受到大家关注和瞩目，在家庭中没有受到父母的认可或缺爱。想要成为朋友中的领导者，试图通过欺负他人来展示自己的力量。对于受到排挤的人没有同情心，通过责难他人的方式将自己的行为正当化，没有愧疚感。

父母的严厉攻击性的教育方式可能会使孩子行为带有攻击性。也就是说，过度处罚孩子会让孩子变得暴力，成为欺凌弱小、服从强者的人。不过低年级欺负排挤朋友的孩子，随着年级越高，很多情况下反而会成为受排挤的对象。

以上是排挤他人的孩子有问题，也有的时候是被排挤的孩子自身存在问题。这种情况主要表现在没有特定的施害者，全班同学都在回避排挤这个孩子。而且孩子"被排挤"的形象一旦深入人心，那么升入高年级也会继续受到排挤，所以最好尽快纠正孩子的坏习惯，帮助孩子与朋友友好相处。

一般来说，具有以下特征的孩子会受到排挤：爱自以为是、无视其他人的孩子，经常向老师打小报告的孩子，反应迟钝的孩子，不懂朋友谈话的孩子，自私的孩子，无法说出自己意见的孩子，控制不住情绪、经常发火的孩子，爱哭的孩子，说话结巴、语无伦次的孩子，面容和衣服不整洁、脏兮兮的孩子等。

被排挤的孩子经常过于在乎别人的看法和行动。不敢向他人靠近，对于些许的批判也很敏感。学生或教师只对自己不公平的受害意识强烈，经常做出过激反应或向老师打小报告。而且坚信没人想和自己做朋友，没有自信，也不能说出自己的想法。

因为孩子的过激反应和打小报告引发的被排挤现象一直持续下去，会让孩子更加敏感。由于自己无法解决这个问题，所以孩子试图通过打小报告的方式让欺负自己的人被训斥，导致被排挤的现象形成恶性循环。许多被排挤的孩子自尊心受到伤害，无法控制自己的情绪，不懂如何同朋友相处。这种情况下，最重要的是帮助孩子找到受排挤的原因，并且改正孩子的缺点。

前文所提到的美林属于因为自身的原因被排挤。因此我把美林单独叫过来与她谈话。

"在班里你最想和谁亲近呢？"

"恩智。"

"她有什么特点吗？"

"功课好，从不生气。"

"这样啊。美林啊，如果想和朋友好好相处，为什么不像恩智一样呢？要穿干净整洁的衣服来学校。按时完成作业。想和朋友一起玩的时候，你可以说'××啊，我想玩球，所以把球带来了，要和我一起玩儿吗？'和朋友意见不一致的时候，不要发火，试试这么说吧，'我觉得这样是对的'。"

我也对美林的妈妈提到，在美林和朋友玩耍时不要反应过激，在孩子做作业和上学准备用品上多费费心。同时，我对排挤美林的学生也进行了教育。最后美林的情况有所好转。

受到排挤的孩子认为会遭到朋友们的拒绝，因此没有想过主动接近朋友。对此，父母应该教会孩子说"一起玩吧，我们好好相处吧"。而且还应该教会孩子有话想对朋友说时，最好选择当面说，而不是向老师打小报告。了解到朋友们不喜欢自己的原因后，就要努力去改正。尽管排挤现象的发生有着各种原因，但这种现象是错误的，所以发起排挤现象的孩子们也应该对被排挤的孩子施以援手，帮助他改正缺点。

现在孩子们的沟通手段是社交网络。如果因为只有我的孩子没有智能手机，无法使用各种社交网络，所以遭到排挤，就有必要为孩子提供相关的帮助。家长管教过于严格，既不让孩子看电视，也不让孩子使用智能手机，更不让孩子同朋友出去玩耍，那么孩子与朋友共有的文化就会消失。当然，身为父母，我们应该在保证孩子的朋友关系正常发展的前提下，尽量减少孩子使用智能手机的时间。但如果孩子因此饱受痛苦，就应该与孩子约定好正确的使用方法后，把手机交给孩子使用。

当孩子被孤立时，父母苦恼是不是该把主使的孩子叫出来训一顿，又担心这样会使孩子受到更为严重的排挤。这种情况下，父母可以这样做，例如美林的妈妈可以对主使的孩子说："美林好像很想与玄善你好好相处，你要多帮帮她就好了。"在不是发起排挤，而是选择旁观的孩子中肯定有受到班里同学的信任，心胸开阔、体谅他人的孩子。我们可以拜托这样的孩子对自己的孩子多多帮助。旁观排挤现象的孩子，害怕自己也受到排挤，所以不敢靠近被排挤的孩子。而如果排挤现象的主要原因在于发起排挤的孩子，那么接受旁观者的帮助可以有效改善这一现象。

当孩子因为受到排挤而感到忧郁痛苦时，最好寻求父母的帮助。如果孩子因此心灵受到创伤，父母还应该带孩子去专门的心理治疗机构解开心结。受到排挤的孩子会受到严重打击，因此父母还要让孩子感受到自己的珍贵之处，并让孩子知道，自己永远站在他的一边，永远支持他。

对于排挤他人的孩子，最好还要选择合适的时机，让他思考自己欺负他人的行为会有什么样的影响。还要告诉他，无论谁都没有孤立排挤他人的资格，排挤他人总有一天会受到他人的排挤。当发起排挤的孩子父母接到被排挤孩子父母的电话时，请不要说："孩子们之间玩耍而已，是不是这个孩子太敏感了，我们家孩子一点错都没有。"

站在对方的立场上想想，因为孩子受到排挤，父母会多么伤心呢。发起排挤的孩子父母应该反思自己对孩子是不是太严厉了，自己的养育方式是不是对的呢。不要认为自己的孩子没错，而应该思考孩子为什么会排挤他人，通过对话及时改正孩子身上的缺点。

受排挤和排挤人的孩子有共同点。两者自尊心都不高。而且两者角色互换的可能性也很大。排挤如同人类的本性一样发生在各个角落。只有我们承认不同，内心充满爱和感恩时，排挤现象才会消失。

处方笺 请翻看第 3 章"与孩子沟通的处方笺"中的内容。

被排挤的孩子

05. **每天鼓励及称赞一次以上**（189 页）孩子受到称赞之泉的浇灌才会苗壮成长。请用鼓励和称赞提高孩子的自尊心吧！

07. **熟悉感情表达方式**（198 页）不是发火和骂人等感情表达方法，只有学会正确表达感情的方法，孩子才能与朋友友好相处。

21. **表现爱意**（241 页）只有勇敢地向喜欢的朋友表达好感，才能收获友谊。

发起排挤的孩子

03. **养植物**（183 页）只有安静地感知自己的内心，才能了解自己的感情。

05. **每天鼓励及称赞一次以上**（189 页）发起排挤的孩子有可能缺爱，所以需要称赞。

16. **一起边看电视或电影，边聊天**（227 页）请提高孩子的感情共鸣能力。

在学校与朋友相处友好的孩子的特点

① 生活习惯好的孩子

面容干净，衣服整洁，姿势正确，字迹清晰，作业与学习用品准备充分的孩子受到朋友们的尊重。

② 能够接受矛盾，会努力解决矛盾的孩子

频繁争吵的孩子缺乏协商的能力。和朋友关系好的孩子不会只坚持自己想要的结果。也不会无条件地一味让步，而是做出"那么我这样做，你那样做吧"的"交易"。

③ 体育好的孩子，画画好的孩子，或者学习好的孩子

也就是说，孩子有一项擅长的科目会受到大家的认同。男生一般是体育好、幽默风趣的孩子受大家欢迎。女生画画好的话，朋友们会排着队地要求其画自己的卡通形象。成绩好的孩子也受到大家的认同。总之，有一项能被大家认同的特长就有助于朋友关系。

④ 自信谦虚、乐于助人的孩子

有自信的孩子是在家庭中充分感受到父母爱意的孩子。由于不缺爱，

孩子不会试图通过其他方式获得满足，也不会通过过度吹嘘满足自己，所以显得谦逊。内心富足的孩子也会乐于帮助朋友。在这样的孩子身上也看不到因缺爱而出现的爱撒娇的现象。

⑤ 积极乐观的孩子

积极乐观的孩子不会向朋友发火。就算朋友做错事，也会说："谁都会这样，再试试吧。"用安慰的话语鼓励朋友。

03 　严重偏食

"老师，政载又躲到洗手间里去了。"

吃饭时间只要出现不喜欢的食物，政载就会跑到洗手间。每当这时，政载的朋友们都会跑去洗手间抓政载，可政载坚持不出去，朋友们只好回到教室。

这时我会对孩子们说："先别管政载，我们一起吃饭吧。"和孩子们一起吃饭。当朋友们吃完午饭整理餐具时，政载悄悄地从洗手间走出来，溜进教室。而饭桌上出现了政载喜欢的食物时，他又会表现出对食物过度的热情。

政载的生活水平远远不如周围的孩子。他会拒绝食用第一次见到的食物或者不知道用什么食材制作的食物。要是强迫他吃不喜欢的食物，可能引起严重的腹泻和呕吐。

"政载啊，你在家这么挑食，妈妈不说什么吗？"

"不怎么说。"

"别的小朋友都吃得津津有味。你也尝一口吧。"

我建议政载不用都吃完，只吃一口尝尝。然后将菠菜比喻成人。

"菠菜想要进去你的嘴里。菠菜进入身体后，会为身体的各个部位提供营养哦。我不会让你全部吃光，不过想想为了凉拌菠菜而辛苦劳动的叔叔阿姨，你就尝一口吧。"

　　为了纠正政载偏食的坏习惯，我还动员了班里的小朋友们。我问孩子们，"孩子们，菠菜是不是特别好吃呢？"大家纷纷取笑政载，"都三年级了还吃不下菠菜吗？"而政载吃下一口后，逐渐发生了变化。一口变成了两口，政载吃菠菜的次数逐渐增多了。

　　还有这样的孩子。

　　"老师，我在家不爱吃饭，所以妈妈说不给我饭吃，要饿我一顿。不过我背着妈妈去外面买了汉堡包吃。时间久了，妈妈就又给我饭吃了。妈妈饿着我没关系，但她总是以这为理由威胁我吃饭。"

　　现在孩子们偏食的情况特别严重。孩子一般都喜欢吃快餐和零食，而对各种蔬菜十分抗拒。

　　2013年播出的SBS节目《家常饭的魅力》中有一个叫载珉的11岁孩子。载珉特别喜欢吃巧克力。只要去超市，肯定要买一堆巧克力。妈妈为了改掉他的这一习惯，用尽办法，但每次看到头低垂在地板上、无精打采的载珉，就不得不选择了放弃。

　　载珉的饮食习惯是怎么变坏的呢？以前在公司上班的载珉妈妈将还年幼的载珉拜托给育儿保姆。保姆一直喂载珉吃甜食。爱吃巧克力的载珉不仅牙全坏了，正常的发育成长也出现了问题。载珉妈妈为了多赚钱而上班的初衷没有实现，反而为了治疗载珉花费了更多的钱。

　　有的父母认为偏食并不严重，"等到长大了就不偏食了。"然而偏食往往还伴随着以下问题。

　　① 无法健康成长发育。

②抵抗力差，身体虚弱，容易受到病菌的侵袭。

③缺乏营养，容易疲劳，贫血。

④出现便秘、肥胖、龋齿等现象。

⑤对大脑的发育成长造成严重影响。

⑥对任何事都很敏感，成为以自我为中心的孩子。

世界著名的营养学家，英国的帕特里克·霍尔福德博士曾经以小学生为对象，进行过一个有趣的实验。他选择了在全英国所有小学中成绩排名第11名的某所学校，更换了学校的食堂菜单，观察因此发生的变化。他将菜单中的炸鸡、薯条、汉堡包等快餐食品换成了以新鲜的谷物、水果和蔬菜为主的食物，用蒸或烤的料理方式代替油炸和油炒，并叮嘱厨师不用调味料，也不放盐，以及为所有学生提供复合维生素和 ω-3 脂肪酸补充剂。7 个月后会怎么样呢？

该地区属于贫困地区，吃不上很好的食物，有许多"社会问题学生"。但在仅仅更换了食物后，学生们的英语成绩上升了 15%，科学成绩上升了 14%，数学成绩上升了 21%。而且孩子们的专注力有了提高，相互之间争吵的次数也减少了。

食物对于成长期孩子的大脑发育和情感发育有着决定性的影响。孩子从出生到进入青春期这一段时间吃的食物比以后的 50 年所吃的食物对健康与大脑的影响更大。

孩子偏食有着多种原因。可能在断奶期孩子没能吃到丰富多样的食物，没有品尝到不同的味道。也有的孩子天生味觉敏锐，比别人更能感受到蔬菜的苦涩。也可能受家庭条件影响，或者父母也有偏食的习惯，孩子经常吃快餐，没有机会接触到各种不同味道的食物。

为了改正孩子偏食的习惯，父母应该怎么做呢？强迫孩子吃他不想吃的食物，会给他造成压力，更加抗拒讨厌的食物。因此父母最好循循善诱，引导孩子慢慢熟悉不想吃的食物。和孩子一起去市场买各种蔬菜，或者去农场之类的地方观察蔬菜成长的过程，有助于增加孩子对食材的亲近度。也可以在阳台和孩子一起种生菜、辣椒等植物。

如果是父母和孩子一起做的菜，孩子会产生尝一尝的想法。做菜时，最好想办法使孩子讨厌的食物味道消失，以及不要让孩子"全部吃光"，而是让孩子只尝"一口"，使孩子慢慢习惯食物的味道。

父母应该将不能偏食的原因告诉孩子，仔细向孩子说明每种食物当中含有的营养成分，以及食材在做成食物之前需要多少时间。不过最重要的是父母要以身作则，不要偏食。

请翻看第 3 章"与孩子沟通的处方笺"中的内容。

处方笺

19. **家庭打工**（235 页）孩子亲自去市场买菜，通过在家打工的形式，让孩子意识到食物的珍贵之处。

23. **做饭**（247 页）如果是孩子自己做的食物，就算是平时不喜欢吃，这时也会吃下去的。

24. **购物**（250 页）让孩子亲自去挑选食材，会减少孩子对食物的抵触情绪。

04 没有自信，小心翼翼

"老师，我漂亮吧？妈妈说我是世界上最漂亮的女孩儿。"

在休息时间，一个孩子跑来向我炫耀。事实上这个孩子长得并不是那么好看。不过神奇的是，自认为漂亮的孩子会让人感觉越看越好看。

在一个班里，总有一些不怎么好看，成绩也不怎么优秀，却表现十分自信的孩子。不论做什么事情，遇到什么困难，他们总是充满活力。他们拥有强大的恢复能力，面临失败也会快速恢复。这样的孩子很受大家的欢迎。由于阳光乐观的性格，他们十分容易被大家所接受。

与之相反，有些孩子尽管家庭经济条件优越，长相不错，成绩优异，但没有自信，惧怕当众发言。而且在画画或做作业时，为了防止别人看到，会用手遮住。

那么自信爆棚的孩子，以及拥有成人都难以企及的阳光成熟性格的孩子有哪些共同之处呢？教育社会学家布迪厄将资本分为经济资本、文化资本与社会资本。简单来说，经济资本就是金钱。文化资本是从父母、家庭背景、社会中获得的爱好、知识和语言形态。例如生活条件好的孩子从小就接触美术作品，培养骑马、高尔夫等兴趣爱好，以及拥有在他们自己圈子里的人脉，这些都属于文化资本。

那么社会资本是什么呢？社会资本指的是家庭中的语言，与父母的相互作用，以及父母的关心程度。如果父母有明确的教育观，使用高级的语言，那么父母与子女的对话就会畅通，能够相互理解和体谅。这就是社会资本高的体现。当父母给予孩子爱与理解时，不用特别教育，孩子的成绩就会很好。它受到了社会资本的影响。

经济资本和文化资本需仰仗金钱。而社会资本只需父母的努力就可以做到。因此社会资本是教育的希望。自信勇敢的孩子，所依托的就是雄厚的社会资本。

缺乏自信的孩子一般在家庭中得不到父母的信任。对孩子期望过高或具有完美主义倾向的父母会过度干涉、控制孩子，因此孩子总是疲于让父母满意，看父母的眼色行事。

养育方式的随意性也会导致同样的后果。如果父母总是按照自己的心情养育孩子，高兴的时候允许孩子做某件事，不高兴的时候不允许做，导致孩子看父母的眼色做事。孩子做得好时称赞他，做错及失败时无视或者训斥他，会使孩子只做可以获得父母称赞的事情。因此孩子不敢挑战任何事情，变得没有自信。作为父母，在孩子做得好时，我们应该称赞过程而不是结果。失败时也应该给予鼓励。

孩子严重缺乏自信，小心翼翼的性格许多情况下与父母的养育态度有关。也就是说，父母改变自己的态度会使孩子充满自信。认真按照以下四点做可以为孩子提供雄厚的社会资本。

第一，对自信心不足的孩子来说，最有效的是正面的话语及信任。电影导演、电影制作人斯皮尔伯格的母亲利亚了解儿子有着很强的好奇心和想象力，她没有特意去控制他。斯皮尔伯格视学校为地狱，因此成绩也是垫底的，没有考上正规的大学。但他却制作出了许多受世人喜爱的电影，被称为"C 等成绩的天才"。

斯皮尔伯格在学校是一个连续四年成绩被评定为 C 的普通孩子。他不热衷学习，而是沉迷于自己的想象中。尽管如此，他的母亲也没有视他为怪胎，对他充满了期待，总是用积极的话语鼓励他。母亲的信任成就了今天的斯皮尔伯格。

积极正面的话语及信任可以唤醒孩子身上隐藏的才能。没有什么方法比培养自信更能激发孩子的潜在能力了。父母不要凡事都拿孩子和别的孩子做比较，对孩子说些鼓励的正面的话吧。

第二，倾听孩子的话语。当孩子说起学校发生的事情或者同朋友间发生的事情时，父母最好不要评价或劝说孩子。只需微笑倾听即可。当孩子渐渐长大，会表现出对父母话语的反驳倾向，例如"妈妈说一套做一套。""这样不对。"如果父母生气地训斥孩子，"你怎么敢这么对父母说话？"，那么孩子以后肯定不会再对我们说出他的意见。"是啊，妈妈下次一定改。"或者"从这个角度来看是对的。"父母应该努力做到对孩子质疑的释疑和理解。当孩子认为自己得到理解，会成长为自信、敢于说出自己意见的人。

第三，身为父母经常使用高级文明的语言。语言是社会资本的一种。孩子使用的语言多继承于父母。说脏话是教室中最让人忧虑的事情之一。父母也特别担心自己的孩子说脏话。不过，孩子不好的语言习惯通常是从父母那儿听到并学会的。

有的孩子在升入高年级后仍然使用幼儿化的语言。三年级当众发言的时候，一个孩子"昨天刷刷（刷牙）后"的发言引得孩子们的哄堂大笑。也许这是孩子的爸爸妈妈对于长大的孩子仍一直使用幼儿化的语言造成的。

父母在平时尝试提高语言的水平吧。不要使用粗俗和幼稚的词汇，使用高级文明的词汇吧。这才是能为孩子提供的不用花钱、效果又好的社会资本。父母和孩子都使用高水平的语言，行动也会变得更加文明。这样有助于增强孩子的自信，提高孩子在班级发言的水平。

第四，让孩子时刻感受到父母的爱。这并不意味要接受孩子的所有方面，对不好的地方，父母要保持一贯的批评态度，但要注意不能伤害孩子的感情，要让孩子产生"父母始终站在我这一边"的想法。

在丁埰瑈作家的《神不能出现在所有地方，所以有了母亲》一书中，出现了如下优秀母亲养育孩子的经典话语。

"您是怎样抚养孩子的呢？"

母亲这样回答：

"除了告诉孩子我爱他、爱他、爱他之外，没有别的。"

孩子没有自信，意味着父母没有给予相应的支持。孩子失败也好，成功也罢，父母都应该站在孩子这一边，让孩子感到自己是被爱的，从而获得更多的社会资本。

请想想今天一整天有没有让孩子感到自信吧。请用正面鼓励的话语代替忧虑、训斥的话语吧。父母对孩子倾注充足的爱，才会使孩子更加优秀。

处方笺 **请翻看第 3 章"与孩子沟通的处方笺"中的内容。**

01. **坦率表达内心**（175 页）倾听孩子的内心，父母给予合适的反应。

05. **每天鼓励及称赞一次以上**（189 页）从现在开始积攒雄厚的社会资本吧！

21. **表现爱意**（241 页）通过称赞和爱积累社会资本。

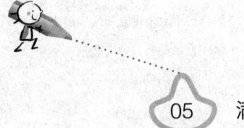

05 满嘴谎言

善进读小学四年级。升到高年级后，数学突然变得很难，一直考100分的数学考试，这次只考了70分。善进满脑子都是"被妈妈骂怎么办呢"的想法，十分害怕。回家后他没有拿出试卷，谎称实际上错了8道题的考试，只错了2道。并且撒谎说老师没有发回试卷。

不过他的谎话很快被揭穿了。善进朋友的妈妈打电话给善进的妈妈，"听说善进的数学成绩下降得很厉害，错了8道题呢？"善进的妈妈平静地放下话筒，让善进把尺子拿过来。

善进被妈妈狠狠打了一顿。第一次挨打的他感到既伤心又羞愧。

在学校，只要一到喝牛奶的时间就会发生战争。因为讨厌喝牛奶的学生经常假装已经喝完牛奶，或者只喝一半就放下，甚至将没喝的牛奶藏到教室的角落中。为了寻找没喝牛奶的学生，我让大家闭上眼睛，让没喝牛奶的学生自己站出来，但没有孩子为此站出来。

为了让孩子们喝牛奶，我想过许多种方法。比如"让孩子们在牛奶外包装上写上自己的名字"等。每当面对这种情况时，不喝牛奶这件事固然让老师心痛，但更让老师伤心的是孩子的谎言。

在以下这种情况下也会出现孩子的谎话。垃圾桶倒在地上，对于老师"这是谁干的"疑问，没有一个孩子举手承认。有的孩子在称赞簿上偷偷贴纸条，增加受称赞纸条的个数。有的孩子没有读书，却在读书记录册上写自己读过了。

孩子们在家的时候也是一样。当家长看到被弄坏的玩具问是谁干的时候，孩子们都说不是自己。和哥哥吵架后认为自己没错，明明没有洗澡却谎称已经洗了澡。

教室里还经常发生盗窃事件。

"老师，我的手表不见了。那是昨天妍智送我的生日礼物，我放在桌上去吃饭了，回来后就不见了。"

这种时候我真是左右为难。刚开始时，我呼吁拿走手表的人良心发现，把手表还给主人。但是没有效果，于是我把每个学生叫来面谈。仍然没有找到手表，最后我对孩子们说道：

"大家都把眼睛闭上。老师已经知道谁拿走了手表哦。但是我给大家一次机会。拿走手表的人把手举起来吧。老师相信3班的学生哦。"

一会儿之后，一个孩子举起了手。我完全没有预料到是这个孩子。因为这个孩子是个文静的、成绩优异的小姑娘。

孩子们为什么会撒谎呢？面对谎言该不该轻易放过孩子呢？应该怎么办呢？请大家回想自己的教育方式，回答以下几个问题。

① 作为父母，有没有过于严厉地对待孩子呢？孩子是不是因为害怕才说谎呢？

② 父母是不是过于重视结果，强调第一名的重要性了呢？所以为了不辜负父母的期待，孩子是不是试图通过说谎的方式来获得称赞呢？

③ 父母是不是没有给予孩子充分的爱呢？因此是不是孩子为了得到关心而撒谎？

④ 父母是不是没有遵守同孩子的约定呢？或者在与他人的交际中撒过谎，被孩子看到了呢？

⑤ 孩子是不是缺爱，为了满足内心的欲望而偷东西呢？

⑥ 对于孩子特别想拥有的东西，父母是不是经常予以阻止呢？

⑦ 对于孩子想要的东西，父母是不是一律不予满足呢？

对于孩子的谎话，我们从孩子的年龄段考虑可能更容易理解。

3~4岁的孩子，刚开始构建道德性和所有权概念。因此父母即便发现孩子在撒谎，也不必大惊小怪。根据皮亚杰的观点，6~10岁的孩子处于"他律道德"阶段。这一时期的孩子认为规则是我们必须去服从的权威性的东西，当其他孩子违背规则时，就必须去告诉老师，使其接受惩罚。因此，对于6~10岁的孩子，我们只需教他规则、秩序和约定，当孩子犯错时，给予惩罚即可。

10~11岁之后，孩子进入道德发展的第二个阶段，"自律道德阶段"。即，孩子意识到所谓的规则会随着情况的变化而变化，或者在社会成员的同意下发生变化。因此与向老师打小报告相比，孩子认为保持沉默，和班里的同学好好相处才是更好的选择。

刚进入小学的孩子正处于他律道德和自律道德的过渡期。年级越高，自律道德的特征更加明显。所以孩子更加重视称赞和评判，重视自身的欲求，以及与朋友的相互作用。也正因为如此，孩子有时为了包装自己，免受训斥，下意识地撒谎。在读书记录和数学成绩上撒谎，也是这个原因。

当发现孩子撒谎后，父母应该怎么做呢？首先不要去追究孩子，而是要询问撒谎的原因。询问时，最好不要用"为什么"，而是用"怎么"。

与"为什么偷？""为什么撒谎？"相比，"手表怎么到你手上了呢？""你能说明一下这是怎么回事吗？"的询问方法更能让孩子说明缘由。孩子也有"羞耻心"。他们也知道撒谎是不好的。父母没有必要再一次强调这一点，让孩子感到羞耻。

孩子的行为通常会受到父母教育态度的影响。如果孩子撒谎的程度较为严重，父母就应该深究其原因，改变自己能改变的。文永林教授认为道德性的行为是练习。希望父母能帮助孩子练习道德性的行为，使其成长为正直的人。

处方笺 请翻看第 3 章"与孩子沟通的处方笺"中的内容。

17. Bed Time Story Reading（睡前讲故事）（230 页）睡前为孩子读温暖的故事，并告诉孩子爸爸妈妈爱他。

19. **家庭打工**（235 页）让孩子为家里跑腿，使他能用赚到的零花钱买自己想买的东西。强大的自信也可以减少谎言的发生。

21. **表现爱意**（241 页）对于想要掩饰的孩子，父母没有必要掩饰，告诉孩子爱他的全部。

06 整天只想玩游戏

询问孩子"等会儿回家做什么？""周末做了什么？"时，大部分孩子会回答"玩网络游戏"。而且由于现在智能手机的流行，越来越多的孩子可以不分时间地点地玩游戏。每天玩两个半小时以上网络游戏的人，与可卡因中毒者的大脑神经有着相似之处。过于热衷网络游戏，会混淆现实和游戏的世界，甚至将游戏中暴力举动搬到现实中来。

孩子为什么喜欢玩游戏呢？大家看看下面的原因，思考我们的孩子是否符合吧。

第一，孩子追求新事物的性格。所以无法保持安静，追求刺激新鲜的事物。

第二，奖励依赖性强的性格。渴望得到认可，但在其他方面得不到认可，因此想要在游戏世界获得奖励与认同。即便不是奖励依赖性强的性格，也会希望得到人们的认同。但自己的希望和现实不符，所以会沉迷游戏。

第三，自己所处的现实有太大的压力。一般发生在孩子无法适应学校生活，或者和朋友相处不融洽，对去许多个补习班感到焦虑不安的情况下。因为饱受压力，孩子有可能通过玩游戏的方式回避现实。

第四，独处的时间过多，感到孤独。

第五，性格内向，感情内敛，在游戏世界中释放感情。

除此之外可能还有其他原因，父母应该首先找出孩子沉迷游戏的根本原因，并且针对原因寻找解决方法。

游戏是现代孩子们的文化。就像看电视、听广播一样，玩网络游戏对孩子们来说是很正常的事情。因此严禁孩子玩游戏，只会激起孩子的逆反心理。父母最好了解孩子喜欢玩游戏的原因，通过游戏得到什么，或者有没有什么烦恼后，倾听孩子的感受，与孩子进行交流。只有把握孩子玩游戏的真正原因，才有可能改善孩子玩游戏的情况。

游戏是孩子们打发时间、感受快乐的最简单的方法。想要玩游戏只需打开电脑或智能手机即可。不需要把朋友们聚到一块，也不需要特意去哪儿。因为简单好玩，所以孩子们想要通过游戏获取成就感和乐趣。

孩子们平时也没有多少空闲时间。因为父母不会允许孩子一直玩乐。所以一旦有了空闲时间，孩子们会不知道做什么，玩什么。会玩的孩子成绩也好？实际也是如此，由于不知道怎么玩，孩子们选择了打开电脑玩游戏来打发时间。孩子们需要有爱好来代替游戏。因此，父母应该带孩子参加运动、音乐、美术等活动，让孩子感受其中的乐趣。拼图、棋牌游戏、围棋、国际象棋、画画、玩乐高等。孩子需要电脑以外的其他娱乐活动。父母应该鼓励和支持孩子同朋友们一起玩，以拓展孩子在现实世界中的人际关系。

当孩子过度沉迷游戏时，最好的解决方法是培养孩子的自我调节能力。而做到这一点，就要注意遵守和孩子的约定。这时让孩子意识到自己拥有选择权十分重要。与孩子一起观察他每天玩几小时的游戏，并问他，"你认为有必要缩短游戏时间吗？"以征得他的同意。在询问孩子他可以减少多长时间的游戏后，一起约定他可以遵守的游戏时间。指定一天为"游戏Free Day（自由日）"。每周空出一天的时间不玩游戏。

写"游戏日记"，记录孩子是否遵守约定，用记号（〇，△，×）标记出来，并记录游戏种类。当孩子与自己做的约定经常被遵守时，意味着孩子的自我调节能力的提高。

父母应该注意不能营造玩游戏的环境。为了让孩子意识到电脑是家人共用的物品，应该将电脑放在客厅，或者在和孩子对话的情况下，共同使用电脑。

不管多么琐碎的小事，也要经常称赞孩子，让孩子感到自己得到认可。还要教会孩子如何健康、正确地缓解压力。你知道现在的孩子如何缓解压力吗？请不要只把视线放在孩子的成绩上，对孩子的压力也多加关注吧。很多情况下，孩子的问题没有解决，都源于父母对孩子的不了解。请牢记，解决所有问题的出发点在于对孩子的"关心"。

请翻看第3章"与孩子沟通的处方笺"中的内容。

处方笺

02. 实现梦想的魔术套餐（179页）用魔术缓解压力是一个不错的方法。

13. 与孩子一起制作查对清单（216页）通过查对清单提高自制力，养成良好习惯。

15. 制作时间胶囊（224页）通过实现梦想的魔术套餐和时间胶囊，引导孩子思考未来。

07 不想学习

许多父母希望孩子将学习视为乐趣。因为父母们认为学习能最大限度地保障今后有安定的生活。父母们这样说：

"在运动界要取得成功，就要得第一名。音乐和美术也是。然而学习只要好好学，至少能保证有安逸的生活。"从概率上看，成绩好是成功的捷径。这是所有父母重视孩子学习的原因。

学习如同孩子的"本分"一样重要。然而不同孩子对待学习的态度也不同。因为每个孩子对学习的热情不一样。为此我观察过坐在教室里的孩子们。发现根据学习的"动机"和"结果"，可以将孩子分为四类。

成绩好	学习有意思	1
	学习没意思	2
成绩差	学习有意思	3
	学习没意思	4

"1"的状态是最理想的。孩子不仅对学习感兴趣，成绩也很好。成绩好，所以喜欢学习，因为喜欢，所以更加努力学习。形成良性循环。

"2"的情况是学习成绩优秀，但感受不到学习的乐趣。也就是说无法从学习中获得满足感。为什么得不到满足感呢？原因有两个。

一个是被动的学习，缺乏学习的内在动机。用功读书后，孩子无法从中获得成就感，只是为了获得零花钱、玩具等外在奖励，或者因为父母的唠叨、期待而被迫读书。由于过于重视学习结果，父母可能会强迫孩子过度学习。在这种情况下，随着课本知识的日益加深，孩子的成绩反而会下降。

另一个是现在的学习不适合自己的水平。现在的学习过于简单，虽然成绩好，但没有意思，感受不到其中的乐趣。如果孩子学习难度更大的知识，寻找到适合自身水平的课题，这种情况会改变。如果不具备这种环境，孩子的成绩最终会下降。

"3"的情况是感受到学习的乐趣，但成绩不理想。出现这种情况的原因有两种。

一个是孩子的潜力大，属于大器晚成型，爱迪生型。就算孩子的成绩不理想，父母也要坚持鼓励和激励他。那么孩子为了满足好奇心会继续学习，最终会有好的结果。面对这种情况，最重要的是父母鼓励孩子不放弃，始终保持对学习兴趣的态度。

另一个是学习效率低。如果是这种情况，父母就应该教会孩子学习的技巧，以及学习的一些好习惯。尽管对学习感兴趣，成绩一直不好的话，孩子会产生"我不行"的想法，选择放弃。

"4"的情况是对学习不感兴趣，成绩也不好。孩子由于成绩不好，没有成功的经验，所以没有自信。而因为讨厌学习，成绩更加不好。形成恶性循环。如何打破这个恶性循环呢？

最重要的是让孩子开始自律性的学习。为此，我们需要"多巴胺学习法"。多巴胺是一种人体内分泌的激素，它能够提高注意力，增强学习能力、自信心和好奇心。多巴胺可以让大脑兴奋。《学习的热情》一书的作者金永勋认为，为了让大脑兴奋，应该让孩子有"自己选择"的感觉。即，不管做什么事情，都应该引导孩子自发地去做，然后从中获得"成功体验"。因此，为了让孩子的体内分泌多巴胺，我们应该让孩子自己去主动学习，并且从学习中获得哪怕一小步的"成功体验"，进而内心得到满足。

学习开始—自我进行选择的感觉—刺激孩子的热情：
梦想，外在的奖励　　　　　　　　　　　　多巴胺分泌—良性
学习持续—成功体验—学习习惯，课题分享，集中学　循环
习—科……

如果想让孩子下定决心努力学习，就应该激发他的热情。可以引导孩子心怀梦想。想到梦想，孩子就会变得开心。这时再趁机向孩子说明，想要达成梦想，学习是必不可少的。

对学习不感兴趣的孩子刚开始学习时，家长可以用一些外在的奖励鼓励孩子。外在奖励指的不是从学习本身获得满足，而是从学习之外获得满足的情况。例如，"这次考试如果考80分以上，就给你买智能手机。"就算是因为外在奖励而开始的学习，大脑也会分泌多巴胺，因为学习而心情变好，孩子会逐渐发自内心地喜欢上学习。

孩子开始学习后，如果没有成功的体验，很容易选择放弃。因此感到学习困难的孩子尤其需要父母的帮助。一直没有学习，而重新想要学习的时候，孩子能安静地坐在书桌前这件事就很了不起。所以，为了帮助孩子学习，父母最好引导孩子养成好的学习习惯。

为了让孩子体会到成功，可以从一些小的任务开始做起。例如，告诉孩子，"今天只做三页习题吧。"并且从孩子最有自信的科目，或者最不讨厌的科目开始做起。一旦得到不错的结果，孩子内心就会获得满足感。

如果孩子一直学习适合自己水平的知识，并从中获取成就感的话，他的大脑中就会分泌出多巴胺。而第二天，为了再次体会多巴胺的感觉，孩子会"今天也来试试吧"，自发地进行学习。沉迷多巴胺会使孩子沉迷学习。"自我主导型的学习"和"习惯性的练习"会使孩子从"4"的状态进入"1"的状态。

有这样一个故事，三个搬砖工在烈日之下搬砖。经过的一个人问了他们三个一样的问题。

"你现在在做什么啊？"

一个回答："看了不就知道了？现在在搬砖啊。"另一个则回答："你看不出来吗？我现在在赚钱啊。"最后一个是怎么回答的呢？

"我现在在建美丽的教堂。"

孩子在父母的强迫下学习，或者因为零花钱和其他奖励而学习，与前两个搬砖工没有区别。而为了梦想和满足感去学习，则与最后一个搬砖工一样。

孩子能安静学习的前提是，通过父母与孩子和谐的关系给孩子带来的安全感。以此为基础，父母还需要观察孩子身上的压力，帮助孩子缓解压力。

学习不是人生的全部。不学习也能幸福生活。不过学习是培养勤奋、诚实态度的最好手段。父母应该重过程多过结果，帮助孩子感受到学习的快乐。

处方笺 请翻看第 3 章"与孩子沟通的处方笺"中的内容。

02. **实现梦想的魔术套餐**（179页）通过拥有梦想，让孩子意识到学习是实现梦想的手段。

09. **做志愿活动**（203页）通过志愿活动，让孩子对能够坐在教室学习心怀感激。

10. **带上"好奇手册"一起去图书馆**（207页）请在图书馆为孩子选择合适的书籍和资料，引导孩子产生对学习的兴趣。

12. **一起做作业**（213页）让孩子意识到学习的快乐，养成学习的习惯。

08　注意力不集中

有儿子的父母说得最多的话就是，"你怎么这么不集中注意力呢？""我的儿子注意力不集中，这可怎么办？"男学生的生活通知书上最常写的话也是，"人很聪明，就是注意力不集中。"

特别是现代医学中，在有些情况下，"注意力不集中"被视为一种疾病，医学中的专用名词是 ADHD（注意力缺陷多动障碍）。而在学校，被认为患有 ADHD 的儿童数量日渐增多。

刚开始担任班主任的第一天，我怀着激动而忐忑的心情来到学校，拿到点名册。由于这是我担任老师以来的第一批学生，所以这些三年级的小家伙让我感到有些不安和紧张。翻看点名册时，我发现有个男孩子名字的后面写着"ADHD"。看到这个的瞬间，我开始为我这一年的教师生涯担心起来。我抬起头寻找到这个学生，他正安静地坐在桌前。我暗暗想着"他什么时候会流露本色呢？"决定在第一天对他进行"特别监视"。看到他写的自我介绍，我不由感叹他的字写得很漂亮。而且也特别听老师的话。

"到底为什么那个孩子的名字后面被注上 ADHD 呢？是因为开学第一天所以才那么安静吗？"

不久之后，我知道了点名册上他被注有 ADHD 的原因。这孩子非常喜欢画画。他没办法集中上课。有时上课到一半，他会突然拿出本子开始画画。就算我给予警告，他也置若罔闻。考试的时候他也会突然在草纸上画起画来。我也经常发现他在上课时间不去教室，反而找朋友们一起在学校或教室里散步。为此我向当时的心理老师求助。心理老师说："也许孩子觉得教室里太闷了吧。"并且劝我多理解他，"这个孩子肯定特别喜欢画画，所以才有这样的表现。"

听了心理老师的话，我努力去理解孩子。"孩子该有多喜欢画画啊。"

在以前没有 ADHD 这种疾病。患有 ADHD 的孩子没有将注意力集中在一处地方，而是可以关注多个地方。在古代，这些患有 ADHD 的孩子估计会成为打猎高手，还有可能因此被推举为部落首领吧。家长们所认为的患有 ADHD 的孩子，大部分也只是符合其年龄段特征的正常孩子。

孩子们好奇心强，精力旺盛是很正常的现象。可是有的父母担心孩子这么折腾，没有一刻安静的时候，是不是有什么病。甚至有的父母带孩子去检查，被诊断患有 ADHD 后，将孩子视为病人。因此，如果孩子无法适应学校生活或者学校成绩不好的话，父母就把这些现象当成患有 ADHD 造成的，以此安慰自己。

当然 ADHD 也确有可能会让孩子在精神上无法保持安静。我工作的学校有一个特别出名的 ADHD 孩子。孩子的父母经常晚归，因此在早上孩子上学的时候，就没有精神照看孩子。这个孩子在精神上几乎完全被忽视了。情况严重的时候孩子会拿着锥子到处跑，并且威胁老师和同学，也会从学校的墙上翻过去，离开学校。特别是天气不好的时候，他的症状会更加严重。于是他的父母带他看医生，吃药。ADHD 药物可以调节孩子身体荷尔蒙，让他变得安静下来。不过同时也导致他食欲减小，变得有气无力。孩子没有胃口吃饭，经常不吃饭，安静地坐在桌前。教室里虽然没有了争端，但孩子的表情一直很忧郁。

为了让被诊断为 ADHD 的孩子情况变好，我们应该怎么做呢？事实上对于 ADHD 是否被视为疾病，医学界有不同的看法。连是不是"病"都不能确认，就随意喂孩子吃化学药品，其危险不言而喻。被用于治疗 ADHD 的药品利他林具有滥用和成瘾的危险。长期服用可影响孩子的大脑发育。

对于新刺激我们会投以关注的视线。不过对已经熟悉的刺激我们不会特别注意。忽视那些熟悉且不重要的刺激，是我们大脑所具备的一种功能，叫做"潜在抑制功能"。这种潜在抑制功能因人而异。而 ADHD 孩子的这种功能不强，所以表现出了对周围事物的敏感反应。

追求新刺激的他们在混乱的环境下反而更能集中精神。而且由于对刺激的敏感反应，他们更富有创造力。实际上，有许多伟大的科学家和艺术家在小时候都表现出过 ADHD 的症状。托马斯·爱迪生，阿尔伯特·爱因斯坦，沃尔夫冈·莫扎特，乔治·博纳萧，埃德加·爱伦·坡，美国前总统乔治·布什等都曾经患有 ADHD。

可是现在，对于这样的孩子我们只把他们视为注意力不集中的，患有 ADHD 的患者。孩子在吃药的时候，会意识到自己是病人，因而变得沮丧。经常听老师和父母训斥自己，也会打击孩子的积极性和自尊心。所以，我们不应该在注意力不集中的孩子身上贴上"病人"的标签。

那么为什么现代社会中患 ADHD 的儿童越来越多呢？父母忙于工作，被压力缠身，所以使家庭中弥漫着紧张感，这让孩子感到不安。因此孩子渴望爱，渴望受到照顾的精神欲求得不到满足。孩子接受家庭教育的时间也缩短了。精神上的不安，再加上不会调节自己的行动，导致孩子出现了ADHD 的症状。

解决这一问题就需要"精神上的安慰"和"肢体接触"，以及对行为方法的"教育"。在确定孩子需要纠正的行为后，通过称赞等形式强化和形成孩子的行动。当孩子做错事时，对其进行教育，让其意识到错误，进而自我调节。其中重要的不是服用相关的药物，而是培养孩子改正错误行为的力量。药物治疗需要向医生咨询后慎重使用。

对 ADHD 孩子来说，他们最需要的是父母无限的"爱"和"关心"。孩子的内心有一个爱的水桶，只有水桶始终是满的，孩子才不会感到不安。如果自己的孩子注意力不集中，就换个角度去看吧。例如，与别的孩子相比，我的孩子很敏锐，富有创意。然后坚信这一点，全力去爱孩子吧。

处方笺 **请翻看第 3 章"与孩子沟通的处方笺"中的内容。**

08. **下载音乐**（201 页）为了安抚孩子的情绪，音乐是必需的。

18. **玩拼图游戏**（232 页）有什么可以比拼图更能让孩子安静下来呢？

21. **表现爱意**（241 页）请让孩子得到抚慰吧。

22. **收集贴纸**（244 页）可以提高孩子的注意力。

25. **旅行**（252 页）给孩子新的刺激可能反而是件好事。

有效的教育方法

当发现孩子注意力不集中，而且有许多需要改正的行动时，父母就需要找个合适的时间向孩子表达对于他的担忧。然后找出让孩子信服的理由，让孩子意识到他的错误。如果以上方法没有效果，就试试以下的几个教育方法吧。

① 无视

当孩子错误的行为较小时，可以无视孩子的行为。应该注意的是，只有孩子的行为小到动摇不了父母的平常心时，才可以使用这一方法。如果父母无法保持平静，而大声斥责孩子，反而会强化孩子的错误行为。所以使用该方法时，要从头到尾彻底地无视孩子的行为。

② 暂停

暂停指的是在孩子犯错时，立即大喊"暂停"，让孩子独处，思考自己的错误的方法。使用该方法的时候，要事先告诉孩子暂停的规则。例如简单地告诉孩子："做错事的话就要暂停，然后要自己坐到椅子上反省十分钟。"

父母要在家中准备好暂停的空间。例如可以准备一把"思考的椅子"，让孩子坐在上面思考自己的错误。把椅子放在黑暗中会让孩子陷入幻想，因此最好放在明亮处，尤其是偶尔有家人经过的地方。不过，应该让有碍于思考的电视或玩具远离这把椅子。

在暂停之前要确定合适的时间。让孩子暂停反省的时候，家长有可能将这件事遗忘，所以最好设定好闹钟。

暂停结束后，询问孩子是否知错，引导其回答自己的错误。如果孩子回答不知道，就要再一次让孩子去"暂停"，直到孩子回答出答案。如果暂停三次孩子都回答不上来，证明孩子真的不知道答案，就没有必要再去暂停。

③ 负强化

负强化即拿走孩子喜欢的物品或者不让他做喜欢做的事情。例如，当孩子做错时，没收他的手机或者禁止他玩游戏。如果这样还不能纠正他的行为，就应采取更严厉的措施。

这样的教育方式一旦采用就要贯彻到底。父母不能只凭借当时的情绪，而应该事先与孩子做好沟通约定，确认孩子确实不对后再使用。如果看到孩子正在为改正自己的行为而努力，父母就要及时予以表扬，并通过拥抱的方式进行强化。

09　太害羞，不能当众发言

　　"太害羞，很消极，内向"都是一个意思吗？内向的人都是消极害羞的吗？内向指的是人的言语指向于内者。内向的人喜欢独处，而外向的人喜欢与别人相处。

　　许多人片面地认为，内向的人一般没有自信，不敢说出自己的意见，不喜欢和他人相处，难以成为优秀的领导者。而外向的人由于活泼开朗，看上去具备了领导能力。大家普遍都认为外向的人具有领导者的潜质。也因为这样，有许多人羡慕别人外向的性格，努力想要成为外向型的人。

　　不过这种思想是一种偏见。史蒂芬·乔布斯虽然性格内向，但并不害羞。面对挑战时也十分积极。内向型的人中也有许多人喜欢和他人相处。外向型的人没有多少时间独处，反而会在人群当中感到孤独。比尔·盖茨、亚伯拉罕·林肯、贝拉克·奥巴马、沃伦·巴菲特、甘地等都是典型的内向性格的人。内向的人在独处时能陷入沉思，发挥自己的创造力，成为优秀的领导者。

　　班里有一个聪明的女孩子。她十分内向害羞，不敢当众发言。但她并不消极低沉。"想参加跳绳比赛的人举手。"当我这么问道时，她举起了手。

当时我都不敢相信我的双眼。她也积极想要参与学校举办的英才野营活动。虽然安静，但她会坦率地表达自己的想法。由于害羞，不擅长当众发言的她选择通过文字的方式将自己的意见完整地表达出来。而其他内向的女孩子也特别积极向上，不怎么害羞。与和一堆朋友在一起相比，内向的人更喜欢和几个朋友相处。每当我问有没有人想参加活动或发言时，她们虽然不会每次都举手，但有想说的话或想参加的活动时，她们一定会举手。

因此，内向的人不一定会害羞消极。反而是外向的人有可能不敢面临挑战，消极低沉。有的孩子虽然有许多朋友，但一旦要当众发言的时候，就会因为害羞而说不出话来。对于新的没有自信的事物，他们不敢去挑战。

父母不要因为自己的孩子外向活泼，就认为他具有挑战精神，积极向上。也不要因为孩子内向，就认为他过于害羞消极。也有许多性格内向但果断勇敢的孩子。我们不能断言哪种性格更好。随着孩子日渐长大，性格上的缺点会逐渐得到改善。父母只需包容孩子的全部，帮助孩子发现他的优点即可。

改变自己的气质会产生压力，我们应该选择适合自己性格的职业，用适合自己的方式与人交往。例如想要从事教师这一职业需要进入师范大学，在大学里要经历许多次发言和讲课。教师要在众人面前讲话，因此要多加练习讲课和发言。我以前有个同学很害羞，所以每到讲课前，压力就会变大。有时候为了逃避发言，干脆不来学校。最后她选择放弃，重新高考后考到了医科大学。选择医大是因为她考虑到今后毕业不管是去制药公司还是自己开药店，都不用在许多人面前讲话。

能够活跃气氛、开朗外向性格的人喜欢在人多的场合交朋友。而内向的人喜欢一对一的模式，以及通过朋友介绍的方式认识新朋友。

所以说即便不改变自身的性格，我们也有多种方法过上精彩的生活。如果孩子的内向性格严重影响了学校生活与朋友关系，或者孩子的现实情况与所期望的样子有太大的差别，父母就要伸出援手帮助孩子了。

这时父母不要轻易定义孩子是哪种性格的人。新学期开学，翻看父母们写的对孩子的寄语时，我经常发现上面写着"我们家孩子太害羞了，请让他多在人前发言吧。"等诸如此类的话语。而和老师面谈交流的时候，父母又会这样说：

"我们家孩子问妈妈为什么写这样的话。他说本来从今年开始要好好努力的，为什么要跟老师说这样的话。"

实际上孩子也想流畅自信地在众人面前发言。新学期，孩子会有"今年要好好表现"的想法。让孩子们写新学年的计划书时，也有许多孩子写"要多在大家面前发言"。孩子想要自我改变，尤其是想要在我这个陌生的新班主任面前好好表现。然而父母却对老师说出了孩子的缺点。

孩子遇见陌生人时也是如此。当孩子不熟练地向对方打招呼时，家长为什么要站出来说，"我们家孩子很害羞"，为孩子辩解呢？父母如果首先将孩子定义成害羞的人，那么孩子会认为我本来就这样，而不会去改变自己。

和家长交流时，我听到最多的问题之一就是："我家的孩子当众发言表现好吗？"在学校，有许多教师重视发言，有的教师会指定一天要做几次发言。发言能鼓励孩子表达自己的意见，从而变得自信、勇敢。家长不要因为孩子不主动发言给他施加压力，应该思考如何去帮助孩子。

孩子害怕发言除了性格问题，还有哪些原因呢？是不是父母对孩子强调过不能失败呢？当孩子失败时，有没有对孩子说"你完了，如果做不好，还不如干脆不做"等要求完美的话呢？失败是我们人生中不可避免的一部分，我们只需学会下次应对的方法即可。

如果自己的孩子因为性格内向，想要发言却不敢举手的话，父母应该鼓励孩子闭上眼睛，勇敢地尝试一次，或者在家里陪孩子多练习几次。也可以带孩子多参加委员选举和讲故事比赛。内向害羞的人通过这样的尝试，以及在父母的鼓励下，会成为自信积极的孩子。

如果孩子出现失误也没关系。因为一次勇敢的尝试会转化为巨大的能量。一次、两次的尝试能让孩子获得自信。告诉孩子出现失误也没关系，让他感受到家人的支持，变得更加勇敢、自信吧。

当然家长不要给孩子太大的压力，强调他一定要参加发言或参与各种活动。只有在孩子喜欢的领域帮助、鼓励他，才能让他获取自信。

如果孩子是陶器，那么陶器里边的铁丝就是骨骼，骨骼正如先天的性格。骨骼上的黏土在环境的影响下，随着孩子的思想和经历的变化而变化。铁丝，也就是骨骼，是天生的，无法改变，但上面的黏土是可以改变的。不过骨骼上的黏土如果过多，就会使骨骼崩塌。因此应该为骨骼选择合适的黏土。当孩子长大后，黏土会变得坚硬，而小时候的挑战和经历就显得尤为重要。

父母应该培养孩子的积极性，而不是外向性。孩子性格内向，拒绝当众发言不是问题。问题在于，面对想要做的事情，孩子无法鼓起勇气去做。

为此，鼓励支持孩子成为虽然害羞但能勇敢表达自己意见的人才是重点。

请翻看第3章"与孩子沟通的处方笺"中的内容。

处方笺

09. 做志愿活动（203页）通过参加志愿活动获取正能量。

14. 写三种日记（219页）写日记来反省自己是很重要的事情。

25. 旅行（252页）请让孩子接触新奇有趣的环境，提高他的积极性吧。

10 容易厌倦，没有耐性

孩子在家里弹钢琴。弹了不一会儿就开始看漫画书。这时妈妈让孩子做英语作业，孩子打开英语课本做作业。可是做了一会儿就烦了，于是拿出积木，开始玩积木游戏。过了一会儿，转过身的妈妈发现孩子在看电视。

孩子为什么容易厌倦现在做的事情，没有耐性呢？集中和耐性也是一种"习惯"。教育专家提到，学习不同的科目可以提高学习效率。然而做到"投入"则需要时间。耐性可以通过练习得到培养。

有一个词语叫"马拉松运动员的疲劳点（marathoner's high）"。在跑马拉松的过程中，运动员通常要经历一个极度痛苦的状态，只要超越这样的时刻，他们就会再次产生信心跑完全程。这是我们的身体为了抚慰痛苦而分泌出了脑内吗啡，让我们的心情变好。

学习也是这样。在压力持续的状态下，身体为了克服压力会分泌激素，最终我们会产生耐性。当孩子埋头深入到学习中，经历了投入的高峰后，就会享受到忍耐的乐趣。

这时候父母最好在旁予以帮助。父母可以坐在孩子身边看书，或者表现出认真工作的样子。这样孩子也会渐渐投入到学习中。和父母在一起，孩子可能会更加努力地认真学习。如果孩子差不多每10分钟就会感到厌烦，那么就和他约定学 15 分钟。这次成功以后，下次再约定学 20 分钟。通过渐进的方式延长集中精力的时间。当孩子度过"马拉松的疲劳点"后，会有脑袋放空的感觉。体会到一次后，就会轻松体会到第二次、第三次。为孩子营造一个能够集中精力的环境也十分重要。当孩子专心做事时，不要打开电视、电脑以及智能手机。

树立目标也会提高专注力。树立有意义的目标后，接近目标时能感到快乐，远离目标时会感到沮丧。和孩子一起制订计划吧。尊重孩子的意见制订的计划会成为孩子有意义的目标。一边询问孩子"今天要做什么呢？要做哪些呢？"一边制订计划，孩子就会努力按照计划学习。

万事开头难。当孩子无法遵守计划，假如父母训斥孩子"你既然这样，为什么要做计划呢？"的话，孩子今后做计划的时候就会感到巨大的压力。孩子没有遵守计划，父母应该和孩子一起检讨，鼓励孩子继续加油。当孩子遵守计划，渐渐接近制定的目标时，这件事本身就会给孩子巨大的鼓舞。

如果孩子每天可以承受的钢琴练习时间是 1 小时，制订的计划则是 2 小时、3 小时，由于无法遵守约定的时间，孩子会产生挫败心理，最后导致孩子产生就算制订计划也做不到，只会让我心情不好的想法。因此，父母应该帮助孩子制订与其能力相匹配的计划。

契克森米哈认为完全投入进一件事需要三个条件。第一个是目标应该明确；第二个是事情的难度应该适中；第三个是结果的反馈应该迅速。孩子喜欢玩游戏就是因为游戏中需要战胜的对象明确，游戏的难易度可以自选，结果（胜/败）会马上出来。想要孩子专注做事，就需要满足这三个条件。通过计划明确目标，根据孩子的兴趣和水平制订计划满足第一和第二个条件。接下来父母在一旁守候这件事本身就是一种良好的结果。

当事情进展不顺利时，孩子就会产生厌烦情绪。当孩子中途遇到挫折，无法专心做事想要放弃的时候，我们应该怎么做呢？

孩子如果说："我做不到。我不想做。我做了一定会失败。"父母应该说"不是啊，我们家女儿（儿子）最厉害了。做得很棒"吗？称赞犹如魔法。然而并不是说所有的称赞都是好的。在画画时间，一个叫民载的男孩子因为讨厌画画所以画不下去。我能看出他刚开始想好好画，但画不好后就开始厌烦，最后停止了画画。

之后我和民载进行了交流。

老师：民载啊，你已经做得很好了，只要下定决心，什么事情都可以做好。老师很喜欢民载画的画呢。

民载：不是的，我知道我画得不好。请不要撒谎了。

老师：不是啊。民载画的跟毕加索一样。老师也来帮帮忙怎么样？

民载：好。还是老师画得好。我画不出来。

我为了鼓励民载而夸他画得好。但孩子已经具备了判断能力，所以他知道自己画得不好。因此，与其虚假地称赞，不如这样对孩子说："妈妈也画不好，不过听说画得多了就画好了。"

然而，如果为了让孩子开心就对孩子说："事情不如你所预料的顺利的话，就去寻找别人的帮助吧。"这样是难以增强孩子的自信心的。

虚假的称赞不会使经受失败的孩子产生自信心。要告诉孩子我们理解他的心情，然后鼓励他再试一次。这是我应当对民载做的事情，也是父母应该表现给孩子的态度。这样的话，下次再遇到挫折，孩子就会产生再努力试一次的想法。

世界上再有趣的事情，如果反复不停地做也会让人厌烦。对于孩子喜欢的电脑游戏，如果告诉他："你今天要玩够 10 小时"，他也会产生厌倦情绪。漫无目的地强制孩子反复做一件事，不会让孩子发挥专注力。

心理学家麦克珀森曾以练习乐器的 157 个儿童为对象，进行过长时间的追踪研究。研究调查 9 个月后，孩子们的实力开始出现差异。他想知道为什么会出现这样的现象，然后想起了练习开始前问孩子的问题。"你想练多长时间的钢琴呢？"孩子的回答并不一样。

"我想练一年就不练了。"

"我想练一辈子。"

一年后他比较孩子们的实力时大吃一惊。说练习一辈子的孩子水平比只练一年的孩子实力提高了 4 倍。只打算练 1 年的孩子并不把自己当成音乐家，对于音乐也没有特别关心，反正过一年就不练了，所以练琴的效率不高。而想练一辈子琴的孩子把自己当成音乐家，全身心地投入到练琴这件事上。虽然两类孩子学琴的时间相同，但专注度不同。

当孩子自发开始某件事，并将其与未来的目标联系在一起时，孩子的专注力就会提升。如果孩子弹钢琴，就帮助他树立开个人演奏会的目标；如果孩子画画，就告诉他许多非职业画家画得好的话也可以开个人展览，帮助他树立开个人画展的目标；当孩子读书时，可以引导他确定今后要写书的目标；当孩子玩积木游戏时，可以引导他把做一个漂亮的作品，并介绍给朋友们作为目标。与现在做什么相比，制定一个阶段性的目标更能提高孩子的专注力，提高相同时间内做事的效率。

关于孩子的专注力，我们从许多方面进行了思考。逐渐延长集中精力的时间，和孩子一起制定计划和目标吧。当孩子产生厌倦心理想要放弃时，回忆作为父母的我们应该做出什么样的反应并付诸行动。

请翻看第 3 章"与孩子沟通的处方笺"中的内容。

处方笺

02. **实现梦想的魔术套餐（179 页）** 没有什么能比魔术更能锻炼孩子的忍耐性了。

12. **一起做作业（213 页）** 父母和孩子一起做作业，更能提高孩子的专注力。

13. **与孩子一起制作查对清单（216 页）** 通过查对清单可以反省自己。

14. **写三种日记（219 页）** 帮助孩子树立目标的好方法。

18. **做拼图游戏（232 页）** 和孩子一起进行提高专注力的练习吧。

 11 没有想做的事

上课时间我让孩子们写自己的优点和缺点。"咦？写得好快啊。看来你很了解自己的优缺点嘛。"不过我仔细看这个孩子写的内容时，发现上面写的全部都是缺点。而且有些搞笑。

"我不知道钱应该用在哪儿，"

"我有把家里搞乱的习惯。"

"我不能按时做完事情。"

我问他，"你怎么知道自己不知道把钱用在哪儿呢？"这个孩子回答道："妈妈说的。"孩子还无法对自己有客观、理性的判断，也不能从经验和他人的事例中对比自己。孩子的判断和思维大部分来自父母。

把孩子的好视为理所当然，把孩子的缺点视为眼中钉，这是大部分父母的做法。这样会使孩子变成满身缺点的人。所以有的孩子不知道自己的优点应该怎么写。"老师，我不知道有什么优点，可以不写吗？"孩子所认识的自己是父母所赋予的。一直感觉自己只有缺点的孩子不知道有什么想做的事情也就不那么奇怪了。

父母应该知道生活中有自己想做的事情是一种幸福。在做想做的事时，我们会更加专注。而且在做喜欢做的事情时，会产生自信心和养成好习惯，而这些将使我们不喜欢做的事情变得顺利。

自尊是做成某件事时的附属产物，它并不会因为称赞而自发产生。所以孩子在寻找到自己擅长的事情后，会有成就感和幸福感，获得自尊。那么孩子怎样寻找到他擅长的领域呢？父母应该不断带孩子参加各种体验，并仔细观察孩子。

"我们班的士珉特别喜欢'乐高'。父母发现士珉在玩积木时，会特别地专注，所以在他过生日时，为他买了乐高。士珉开始不知疲倦地玩乐高，并且为了把乐高展示给朋友们看拍摄了视频，制作了 PPT（演示文档）带到学校。当然这不是老师交给他的作业。只是士珉想将乐高给朋友们看，所以自己想出了办法，并完成制作。

他还将有关乐高的资料收集剪切下来制成笔记，用文字记录下了乐高中出现的动画，然后拿给朋友们看。士珉的梦想是成为'科学家''乐高制作家'以及'童话作家'。"

在温哥华冬奥会上打破世界纪录，摘得花样滑冰金牌的韩国选手金妍儿是怎么开始滑冰的呢？金妍儿初次接触滑冰是在上幼儿园 7 岁那年的夏天。她的妈妈对滑冰很感兴趣，在她的带领下，金妍儿打开了滑冰的神秘之门，并喜欢上了滑冰。由于和教练的摩擦，她暂时停止了滑冰。她的妈妈发现她之后对什么都不感兴趣。后来重新开始滑冰，金妍儿感到特别幸福。从那时候开始，金妍儿真正开始踏入滑冰的世界。金妍儿的父母发现了孩子的兴趣所在，并最终帮助她盛开了成功的花朵。

提倡自然主义教育的卢梭认为，为了唤醒人的自然本性，应该在儿童时期"浪费时间"。在浪费的时间里，儿童能经历更多的事情。

比学校的老师更重要的是孩子们丰富的经历。孩子应该在小时候读书、做各种运动、玩乐高、围棋、唱歌、做数学题、科学实验、看历史书等。父母应该能从其中寻找到孩子能发挥其专注力的真心喜欢的东西。不管是喜欢乐高的那个孩子，还是金妍儿，他们都幸好有父母的仔细观察，才找到了自己喜欢做的事情。

当孩子对某个职业或经历产生好奇心时，我们不要说"那个工作很累""赚不了钱""只是浪费时间"等负面的话语。父母应该营造孩子能自由地说出自己喜欢的事物的气氛。例如让孩子自己说出"我喜欢写文章""我喜欢博客""我喜欢画画"等。喜欢乐高的这个孩子如果说出喜欢乐高后，被父母以妨碍学习为由进行阻止会怎么样呢？也许孩子会偷偷地玩乐高，然后在父母积极的阻碍下，逐渐将注意力转向写文章、读书或者玩电脑等活动。

大部分孩子喜欢的并不是足球、滑冰等高大上的项目，反而是很不起眼的事情。请仔细观察孩子平时喜欢哪些科目，做什么事最开心吧。了解孩子的关心领域，还有一个方法，那就是带孩子去图书馆，观察他最先跑去哪个区域，停留时间最长的区域是哪儿。如果孩子看漫画的话，就确认他看的是"科学漫画"还是"历史漫画"。

孩子一般都像父母。公务员家庭的孩子有很大的概率会是公务员，企业家家庭的孩子是企业家，艺术家的孩子一般也是艺术家。这不仅是因为环境的影响，还因为从父母那里继承了追求安逸或者寻找挑战的价值观。

所以孩子有很大的可能喜欢父母喜欢的领域。在观察孩子的时候，父母可以审视自己的过去和现在，相信会对寻找孩子喜欢的领域有所帮助。

　　寻找适合孩子的事情需要父母的帮助。父母的观察和支持，鼓励和帮助，可以帮助孩子寻找到他感兴趣的领域。当寻找到想要做的事情时，孩子会对未来充满希望和期待，从而变得积极乐观。

处方笺　　请翻看第 3 章"与孩子沟通的处方笺"中的内容。

　　02. 实现梦想的魔术套餐（179 页）做魔术的时候将梦想和魔术联系起来，引发孩子深思。

　　05. 每天鼓励及称赞一次以上（189 页）鼓励和称赞能帮助孩子寻找到喜欢的事情。

　　25. 旅行（252 页）帮助孩子寻找到自己的优点，增强自信心。

12　经常顶嘴，反抗父母

　　孩子对父母的话言听计从，但是有一天，孩子开始跟父母顶嘴。大部分父母都将这种情况视为一种反抗，并为此张皇失措。

　　妈妈不让玩了好几个小时游戏的珉哲再继续玩下去。珉哲生气地对妈妈说道：

　　"妈妈也整天和那些阿姨打电话聊天玩，我为什么就不能玩游戏？"

　　妈妈感觉自己的权威受到挑战，十分生气，所以训斥他道：

　　"妈妈和你一样吗？你是学生，应该要学习，你这是从哪儿学的规矩？快去学习。"珉哲生气地走进房间，嘭的一声关上了房门。

　　遇到这种情况应该怎么做才是正确的呢？

　　"珉哲想要玩游戏，可是我不让玩，所以你生气了啊。"

　　"嗯，妈妈你也整天玩，却不让我玩。"

　　"原来是这样啊。其实妈妈小时候也很不喜欢学习呢。"

　　"妈妈也这样吗？"

　　"嗯。是啊。所以我比谁都了解你的心情。只不过妈妈看你玩游戏的时间太长，十分担心你才这样的。"

　　"嗯。那我回房间学习了。"

面对孩子的顶嘴，父母需要做的第一步是引发孩子的共情（同理心），把握好谈话节奏。让孩子感觉到"父母才是真正理解自己的人"。如何妥善处理孩子的顶嘴，决定了以后父母与孩子关系的远近。如果与孩子做到共情，以后孩子在学校发生什么事情，和朋友发生什么事情，都会很自然地告诉父母。而如果粗暴地应对孩子的反抗，则会使孩子远离父母，无论发生什么事情都很难开口告诉父母。

跟父母顶嘴，意味着孩子开始有了自己的思考。犹太人对话式的教育法被称为"共学"。共学指的是结成小组相互提问、对话、讨论的一种教育方式。犹太人将共学生活化。共学要求老师和孩子具备耐性。

例如在玩具店孩子哭闹着要玩具，父母花费很长的时间向孩子解释为什么不能买给他，同时倾听孩子的意见。如果孩子顶嘴的话，就像犹太人一样试试共学法吧。在争论中，孩子的逻辑能力和创意能力会得到培养，与父母的关系也会加深。

与之相反，如果父母不但做不到与孩子共情，反而训斥孩子，会怎么样呢？如果是为了孩子，就不能无条件地听从孩子的要求。特别是当孩子对父母发火或做出不合礼仪的举动时，父母就应该反思是不是平时太娇惯孩子了。如果孩子通过发火、哭闹的方式反抗父母，父母有很大的概率会听从孩子的要求。在与孩子的拉锯战中，父母经常失败。这样会失去对孩子的教育主动权，也会失去作为父母的权威。

所谓权威，指的是在和谐的气氛下，不通过命令和指示，而是通过关心和爱让孩子自发地去做某件事。现在虽然父母和孩子做朋友成为一种趋势，但父母的权威在养育孩子的过程中仍然是必不可少的。权威并不会因为父母的地位或严厉态度而产生。父母的权威产生于不感情用事，不武断指责孩子错误的时候。

孩子的顶嘴与反抗也是孩子存在不满的信号。孩子小时候对谁无条件地信赖和期待呢？是父母。孩子总是喜欢和父母在一起。当我问学校的孩子们，"和爸爸妈妈在一起的话想做什么呢？"许多孩子回答，"做什么都好。我就想和爸爸妈妈在一起。"孩子们盼望总是加班、很晚才回家的父母早点回来。与把全副心思放在父母身上的孩子不同，让父母费心的事情就太多了。

父母希望孩子能完全按照自己的要求去做。"孩子怎么老是不听爸爸妈妈的话呢？"如果一直这么想，只会使孩子变成坏孩子。如果将养育过程中的压力传递给孩子，会让孩子产生"我是父母的负担"的想法。

孩子想同父母在一起。所以会不断地发出这样的信号，并试图确认父母的爱。在这个过程中，信号可能会以反抗的方式发送出来。可是信号一直遭到拒绝的孩子会怎么样呢？他会开始不和父母在一起，而是选择和朋友一起。

这一时期一般都是在青春期。从这时候起孩子的态度会突然发生转变。面对发生变化的孩子，父母总是以"孩子以前不这样"为由，将责任归咎到孩子交友不慎上面。但如果平时父母就注意关心、呵护子女，就不会出现孩子强烈反抗父母的情况了。

最后不要因为孩子善良听话就不在意孩子。孩子由于本性乖顺，不会对父母说出自己的意见，会将自己的愿望藏在心底。然而孩子的愿望长期得不到满足，内心的愤怒就会逐渐累积，而愤怒会导致更大的问题出现。

自我主张强的孩子也就是有主见的孩子。在不同情况下向父母表达自己的意见，也许会转化为反抗。欲望是所有成长的"动因"。现代的父母对孩子掌控过强，孩子还没有想要的东西，父母就已经为他准备好了。所以说，许多孩子不知道想要什么。希望父母不要把孩子的话语当作反抗和顶嘴，而是深思孩子这样做的原因，帮助孩子寻找到自我。

请翻看第 3 章"与孩子沟通的处方笺"中的内容。

处方笺

01. 坦率表达内心（175 页）倾听孩子顶嘴的原因。

04. 开派对（186 页）在温馨的气氛中打开孩子的内心。

20. 探险父母（238 页）让孩子了解父母的内心，了解到他顶嘴时自己的心情。

26. 用"照片"制造回忆（256 页）请营造和家人一起的时间、畅谈内心的时间、提高归属感的时间。

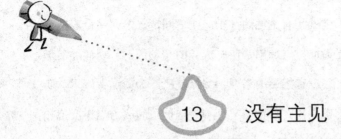

13　没有主见

会哭的孩子有糖吃。能表达自己意见的孩子，才能得到自己想要的。在教室里也是如此。

"老师，很长时间没有换过座位了，请换座位吧。"

"老师，能再给我一张练习纸吗？"

"老师，我这次只写一遍可以吗？"

当然，站在老师的立场上，要求多的孩子很麻烦。不过如果孩子的要求合理，我也会尽力予以满足。也有的孩子说不出自己的意见，有时候我会接到孩子家长的电话。

"我们家孩子啊，太害羞了，所以不好意思跟老师说。他把学校发的读书记录本丢了，都过了好几天了，他也不敢跟您再要一本。"

老师很吓人吗？至少我不吓人，所以这不是原因。这是孩子无法顺利表达自己意见的一种表现。

这样的孩子在朋友间也无法表达自己的感情和意见，不会去拒绝别人。他们对于他人的评价十分敏感，对于他人的任何举动都会敏感地做出反应。总是担心被朋友们讨厌。听从朋友无理的要求，朋友却拒绝自己的请求，因此而生气、伤心的孩子会感觉自己被利用。

朋友们对于这样的孩子一般会有"很闷但很善良"的评价。因为朋友们说自己善良，所以孩子越发担心自己说出自己的意见后会让朋友失望。不管什么事情都说"好"，说"知道了"。这种现象一直持续的话，会让朋友们轻视孩子。

父母看到这样的孩子也会郁闷。学校举办的活动需要和朋友们一起准备，但为什么孩子要自己做好所有的准备呢？看孩子和朋友一起玩耍时也是，为什么自己的孩子不说话，总是按照朋友的要求去做呢？这样的孩子大部分都压抑了自己的内心欲望，独自陷入苦闷和不满中，没有表露出来。

现在是自我 PR（推销）时代。自己想要的应该自己去争取。无法说出自己意见的孩子在社会上也难以拒绝别人的请求，不能根据自己的意愿使事情顺利开展。因此会受到压力，对许多事情产生不满，但又害怕对方生气或失望，于是更加没有勇气去说出自己内心的想法。那么为什么孩子不能表达自己的意见呢？原因有许多种。

其中一个原因是自卑，对别人的评价过于敏感。如果平时父母总是打击孩子，会使他变得自卑。例如，"你做得也就一般。""又做错了？你这是像谁啊？""现在生活这么艰难，你长大了要怎么生活呢？""你到底能做什么？"这剥夺了孩子获得成就感的机会，也使孩子变得自卑。孩子越自卑，渴望得到他人认同和喜爱的想法越强烈。

父母对于孩子犯的小错误也严厉地指责，会使孩子变得自卑，小心翼翼，不敢说出自己的意见。反正说什么都会被责备，那还不如闭嘴。因此孩子的心中将说出自己的想法与受责备、让他人不愉快等同了起来。

还有一个原因是孩子在父母的过度保护下长大，从小想要什么有什么，根本不必去"要求"和"发挥主见"。或者说，孩子没有过用哭闹和大声喊叫来获得某样东西的经历。

如果孩子和父母没有过真正的对话，那就肯定不知道如何与他人对话。在古代，人员庞大的家族体系的存在，使我们只有通过与长辈、兄弟姐妹的交流和争斗才能得到想要的。但现在这样的家族体系已经不复存在，就算相互之间不用深入交流，也可以吃饭，得到想要的，通过看电视、玩游戏享受自己的闲暇时间。因此，孩子还没学会与人交流的方法，就被送到了幼儿园和小学。

夫妻频繁的争吵也会影响到孩子。爸爸妈妈大声说出自己的看法指责对方，会使孩子陷入恐惧。看到父母吵架的情景，孩子会产生说出自己的看法就是和别人吵架的想法。

父母必须和孩子分享对话，经常向孩子表达爱。对话与表达爱可以使孩子经历的大部分问题得到解决。在家庭中，请给孩子更多的说出自己想法和选择的机会。让孩子自己说出有没有想学的东西，或者想去的辅导班。给孩子选择权的方法中，有一种给出多项以供孩子选择的方法。

"穿黑裤子吗？还是牛仔裤？"

"今天晚上想喝泡菜汤，还是大酱汤呢？"

"现在应该继续玩游戏好呢，还是 10 分钟后关掉游戏好呢？"

从小事就给予孩子多项选择的权利，让孩子自己选择。这样会使孩子认可自己的能力，变得自律。

父母要告诉孩子如何说出自己的想法。当孩子想要某样东西时，要引导孩子清楚地有礼貌地说出自己的意见。并且告诉孩子，就算自己的看法被否定了，也并不表明大家讨厌他。

在去辅导班的路上，面对朋友一起踢足球的提议，教孩子怎么拒绝，例如说："对不起，我要去英语辅导班。下次一起玩吧。"如果孩子不太熟练，可以和孩子一起通过情景模拟的方式练习。

父母还要教会孩子如何去拜托朋友。可以让孩子和朋友进行关于请求的练习。让孩子知道，如果请求合理，朋友和老师一般是不会拒绝的。

说出自己的看法不是固执己见。孩子既不能固执己见，也不能说不出自己意见。如果没有主见，有很大的可能受到小伙伴们的排挤。

说不出自己意见的孩子与善解人意、具有成熟人格的孩子不同。成熟的孩子能包容他人的意见，面对认为不对的事情，知道如何去拒绝，也知道如何去表达自己的想法。请帮助孩子成为能表达自己看法、自己打造幸福生活的孩子吧。

处方笺

请翻看第3章"与孩子沟通的处方笺"中的内容。

06. 想象性发问（194页）请用想象的问题和孩子对话吧。

07. 熟悉感情表达方式（198页）只有知道如何表达自己的感情，才能消解压力。

16. 一起边看电视或电影，边聊天（227页）以各种有趣的东西为主题进行思考谈话。

14 孩子很自私

休息时间大家一起玩耍的时候，有的孩子表现得过于理性和现实，他们对朋友或老师的每一句话都要挑毛病，虽然说得没错，但总让人感觉不快。

有的孩子面对我让他捡起桌下垃圾的要求，会以"不是自己扔的"为由拒绝。和朋友们一起玩的时候也不懂得让步。也有的孩子在午餐时间，明知道后面还有许多孩子，仍然把自己想吃的食物全都盛到自己的餐盘里。集体活动时也以自己为先。做实验的时候，在大家都想做的情况下，总是想要第一个做。别人请求他给予学习的帮助时，也会断然拒绝。

随着时代的变迁，孩子们似乎都变得越来越自私。这可能是因为每日感受生活艰辛的父母总是在孩子面前流露出对孩子未来的担心吧？

做母亲的都担心自己的孩子吃亏。在游乐场玩的时候，孩子玩的秋千被其他孩子抢走了，而对方的妈妈视若无睹。孩子虽然被教育了"谦让是一种美德"，但妈妈心里也会产生"继续这样孩子会吃亏"的想法。不过自私的孩子最终会受到大家的排挤。而且很久之后才知道孩子因为自私而受到排挤的父母，那时会有多么伤心和担心自己的孩子呢。

孩子年纪再小，如果懂得关怀别人，被朋友们喜欢，也会被选为班干部。相反，自私的孩子是绝对不会被选为班干部的。成绩再好，脑袋再聪明，孩子们也不会去投票给自私的孩子。人格魅力影响领导的选择。自私的孩子被朋友们排挤后，可能刚开始会愤怒、伤心，但最后会产生不需要朋友的想法。

老师心目中的好孩子、以后会有出息的孩子是什么样的呢？不是成绩优异的孩子。成绩再好，如果性格不好，将来踏入社会也不会受到欢迎，反而会被视为有点能力，但太自以为是的人。那些虽不够聪明，但关心朋友，对朋友不小气，大方说出"我帮你吧"的孩子最受大家欢迎。这样的孩子长大后也会走向成功。亚当·M.格兰特的著作《付出与索取》中也提到了，分享越多，收获就越多。

刚进入小学，满7岁的孩子已经可以站在对方的立场上思考了。如果之前没有意识到过别人有想要的东西，那么就很难摆脱以自我为中心的思维方式。以自我为中心的思维方式和自私的思维方式是不同的。以自我为中心是理解不了对方的立场，只懂得通过自己的方式来理解。例如，孩子自己喜欢草莓牛奶，就认为朋友也喜欢，并且劝不喜欢喝草莓牛奶的朋友喝。与之相反，自私是明知道是不对的，为了利害关系而只顾自己的利益。所以尽管孩子知道与朋友分享草莓牛奶是对的，但他绝对不去跟朋友分享，而是自己喝光。以自我为中心的态度随着孩子的成长发育会得到好转。而自私是涉及本性的问题，如果不去有意识地纠正和引导，孩子是很难改正的。

孩子自私是共情能力与道德性不发达的表现。那么为什么孩子会自私呢？父母总是强调竞争或者天生胜负欲强的孩子更有可能表现得自私。天生胜负欲强，再加上后天环境的强化，导致孩子更加自私。例如，父母对孩子言听计从，孩子任性妄为，或者由于身体不好，父母过度保护的这些情况。有的则是由于父母的地位和名声，孩子也受到特别的礼遇。还有一种情况是，孩子有着超乎常人的才能，因而总是受到大家的称赞。因此，对这些孩子来说，分享、让步、吃亏只是想想而已。天生的气质和后天发展的人性，都可以通过后天有意识的努力得到改变。因为社会性与性格在我们成年后也一直在发生变化。

那么如何让自私的孩子变得大方呢？努力站到对方的立场，感受对方的感受，就会提高共情能力和道德性，有助于纠正自我中心和自私的心态。共情能力只有在孩子从父母身上得到理解后才会产生。而且在和兄弟姐妹、朋友交流的时候，也会自然而然地产生"共鸣""尊重""竞争""妥协"等能力。也就是说，在温馨的家庭环境中得到理解、认同和足够的爱，就能够获得共情能力。

孩子做出自私的举动时，父母就不能无条件地满足孩子的要求，但也不能每次看到孩子自私的行为时就训斥或唠叨他，这样反而会促使孩子做出更加错误的行为。纠正孩子的行动应该从根源做起。例如，当孩子与朋友因为玩具吵架时，不能因为孩子吵架而把玩具拿走。这样没有让孩子意识到什么样的行为是正确的，只是将问题终止了。之后发生相同的情况时，孩子仍然会做出错误的举动。不告诉孩子为什么做错，应该怎么做，只是一味禁止孩子去做，那么孩子自私的坏习惯是得不到解决的。因此父母要告诉孩子应该怎么样做。

"教室里有两个男孩子在打架。询问打架原因后得知，有个男孩子在走廊上捡到一小块绿色橡皮泥，而另一个男孩子则说是他掉的。如果我对两人说：'你们就为这个打架吗？你们两个都没有资格玩。'然后将橡皮泥没收，就可以很快结束两人的争吵。但是，孩子们并没有从中意识到'妥协'与'让步'，下次遇到同样的情况还会争吵。我先让两个人分别说了自己的观点。在我看来，橡皮泥是不值一提的小事，但孩子们却很认真。而且也很难确定橡皮泥的主人到底是谁。

'你们认为这一小块橡皮泥重要，还是你们的友情重要？'

'我们的友情。'

'那么朋友之间相互分享，一起玩不就可以了吗？'

'对，是这样的。'

这样做既听了孩子的想法，又为他们指明了解决方法。两个孩子在听完我的话后就一起跑到教室后面玩橡皮泥了。"

当孩子做错事时，父母适当的教育就可以培养孩子的道德性。那么道德性是在什么时候形成的呢？道德性在成人时会完全形成，但其最终发育阶段则因人而异。有的人成年后仍然要继续发育，有的人在青春期就已经完成了道德性。而孩子的道德性之所以出现差异，是因为受到父母教育程度和父母自身道德性水平的影响。

当孩子做对事时，应该用称赞的手段将行为强化。帮助孩子站在别人的立场上看问题，懂得退让的概念。为了培养孩子的共情能力，父母应该经常向孩子发问，比如："那个孩子在想什么呢？""现在那个人带有什么情绪呢？"听完孩子的回答后，和孩子一起分享意见，从而教会孩子"感情移入"。父母最好也经常和孩子一起看温暖的文章和电影。通过做志愿活动感受其中的快乐也有助于孩子懂得分享。

聪明却自私的孩子会用现实、带有指责的逻辑反驳朋友们的意见。这样的孩子认为世界只按照理论和法则运转，父母应该打破孩子的这一认知。另外，与他人一起共事才是更加聪明的行为，孩子经历过明白。

也就是说，不去特意教育孩子，他也会从人际交往中认识到应该站在他人立场看问题，关怀他人。如果父母表现出自私的举动，那么孩子就很难成为一个不自私的人。看到为他人着想，幸福生活的父母，孩子也会受到感染，模仿父母的举动。父母应该努力提高孩子的共情能力，这样孩子的缺点将会慢慢得以纠正。

请翻看第 3 章"与孩子沟通的处方笺"中的内容。

处方笺

09. 做志愿活动（203 页）通过做志愿活动感受他人艰辛。

14. 写三种日记（219 页）让孩子每天心怀感恩，认识到世界并不是一个人的地方。

16. 一起边看电视或电影，边聊天（227 页）请与孩子一起培养共情能力、道德性和感恩的心吧。

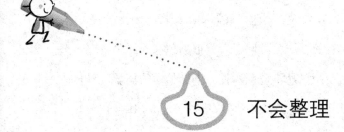

15　不会整理

现在市面上出现了许多关于整理的重要性与整理技巧的书籍。整理可以增强人们做事的心情，提高做事的效率。那些不会整理的人也深知整理的重要性。然而他们并不想改变自己的习惯，"我本来就这样""每个人都有自己的风格""我是乱中有序""只有在凌乱的环境中做事的效率才高"。然而，如果询问这些人是不是想要自己的孩子养成爱整理的好习惯，大部分都会回答"是"。

整理会提高人的专注力以及办事效率。养成整理习惯的孩子也善于整理自己的想法，做事变得组织有序。而且整理后看到周围干净整洁的一片，心情也会变好。不仅如此，每天整理可以养成今日事今日毕的习惯。通过每天反复地做一件事，孩子可以学习到如何战胜无聊，对于以后做事也会有所帮助。孩子在整理的过程中能够变得自立，有责任感。只有在整理的时候，孩子才会意识到自己的房间已经有太多的东西，养成节约的意识。

我看到教室里有的孩子把自己的周围整理得十分干净：书桌抽屉、保管箱，着装也十分干净整洁。而那些书桌乱七八糟、不会整理的孩子，每次上课的时候都要去抽屉里花费相当长的时间找课本，经常因此耽误上课。每当我让大家拿出上次留的试卷，擅长整理的孩子会立刻把试卷放在桌上，而不会整理的孩子则开始在桌面、书包以及课本里翻找。

在家里也是如此。有的孩子放学回家后就把书包和衣服扔一边。书、学习用品以及其他物品使用后从不放回原处。不会整理的孩子，只有在父母不满地斥责时才会稍微进行整理，或者假装进行了整理，因此很多时候，孩子就算整理了，状态也跟整理前的一样。

有一种"破窗理论"，指的是如果一个窗户玻璃被打坏了，而这个窗户没有及时得到修理，会有更多的玻璃被打破，甚至会出现犯罪现象。一个窗户被打破，其余的窗户也会被打破。我们遇到的大部分问题都是因疏忽了一些小事而引起的。因此，在现实生活中，我们应该从小事做起，养成良好的习惯，防止窗户被打破。而在职场生活中，也有许多领导通过观察职员们的书桌来了解他们做事的能力。大部分成功人士是善于整理的人。

我在学期伊始曾告诉过孩子整理的重要性。每天早上整理自己的书桌和保管箱，只把当天用到的书放在抽屉中。然而没有把整理当成习惯的孩子很快就会把我的话忘记。对于这样的孩子应该经常加以督促，并特意留出整理的时间。

也有的孩子不知道整理的方法。他们很认真地整理了保管箱，不过整理之后变化的只是物品的位置，里边还是很乱。这时需要我们告诉他们整理的技巧。先把较大的书本放进去，再将体积不大，也不经常使用的物品放进去，最后将经常用到的物品放在最外边。在整理的过程中，就算孩子感到不耐烦或生气，也不要放弃，一定要引导孩子渐渐养成整理的习惯。

父母要注意在家庭中也养成孩子整理的习惯。许多父母曾说过自己的孩子只有在学校的时候才会整理，在家完全不会整理。在学校的时候，孩子想要在老师和朋友们面前好好表现，而回到家中后，孩子本来的习惯就会表露出来。

要使孩子养成在家庭中整理的习惯，需要怎么做呢？首先一起确认现在的状态是否应该整理或清扫。"现在你的书桌怎么样呢？""现在你的房间怎么样？"通过这样的询问让孩子回答。如果孩子回答很脏或者需要收拾的话，就鼓励他自己整理。如果回答"也不怎么脏""不想整理"的话，父母就要轻声细语告诉他整理的必要性以及正确的行为方式。父母如果大喊大叫，反而会引起孩子的反感。

在习惯养成的前期，父母最好陪伴在孩子身边，和他一起进行整理。父母期待的整理水平，与孩子的实际水平肯定有所差异。因此，在孩子不知道从哪儿开始下手整理时，父母应该在一旁循循教导。通过玩整理游戏、清扫游戏等，在快乐玩耍的同时，让孩子意识到整理的重要性，也是有效的方法。

为了方便孩子整理，需要准备好收纳箱和指定位置。例如抽屉里可以用牛奶纸包装割开，分别装各种书籍和学习用品。

最好每天留出整理的时间。为了养成孩子爱整理的习惯而和孩子一起整理，这一点让父母们也感到很麻烦。但是如果孩子的房间总是乱糟糟的，我们从来不管，有一天突然向孩子发火，让他们整理房间，这样做对改正孩子的习惯没有一点帮助。在孩子养成好习惯之前，我们需要忍耐和时间。看到父母认真整理的样子，孩子也会受到感染，参与进来。最重要的是，让孩子每天都认真地整理。

在学校孩子已经可以独立做许多事情。娴熟地戴上橡胶手套用抹布擦桌子，分配小菜。在朋友的争吵中充当调解员。完美地完成科学实验、料理实习。父母们来到学校后，总是吃惊于孩子们的表现。孩子可以做这么多事。在家庭中，我们也应该给予孩子独立做事的机会。通过整理物品，养成整理人生的习惯，将成为孩子长大后走向成功的力量。

请翻看第 3 章"与孩子沟通的处方笺"中的内容。

处方笺

19. **家庭打工**（235 页）以赚零花钱的名义让孩子整理。

22. **收集贴纸**（244 页）按照行为修正原则养成习惯。

24. **购物**（250 页）以此增强责任心。

16 被指责上课时间态度不端正

　　孩子上课态度怎么样？虽然有公开课，但时间短暂，难以从中把握孩子的真正面貌。父母对孩子上课时间态度如何，有没有认真听讲十分关注。

　　思考上学的原因有这样几个，一是为了习得社会性，二是学习节制和忍耐。事实上最近在家自学的人逐渐增多，许多父母认为公立教育不如私立教育更让人放心。一部分未来学家也提出了未来学校将会消失的看法。然而我个人认为学校是不会消失的。因为有些东西只有在学校才能学到。

　　我负责的班级气氛很轻松自由。我将孩子能自己做到的事情都交给他们，努力不用严格苛刻的规定去"禁止"孩子，或者把教室当成是我自己的养殖场。所以在上课时间，与安静相比，教室里更接近于"吵闹"，孩子们可以自由地说出自己的想法。打造民主的教室是一件很不容易的事情，我至今仍在为此不懈地努力。在这里我提出我的教育观，以及教室里的事情，是因为就算在这样自由的氛围中，仍然有孩子们必须去遵守的事情，上课态度并不只是老师所强调的一部分。

　　如果说家庭儿时教育是为了使孩子成为合格的社会成员而学习基本的知识，那么学校教育则是为了与他人融洽相处而要学习规范法则、学问的初级知识等。在学校，纵向关系（老师—学生）与横向关系（同事—朋友）

的价值观与态度各不相同。

在学校习得的众多知识会为以后踏入社会打下基础。上课时间保持良好的状态就是其中之一。这可能是老生常谈，但孩子走进教室，在40分钟的上课时间不能随意走动，不能吵闹，耐下性子学习是很了不起的事情。在这个过程中，孩子会学到节制、倾听和忍耐的美德。

有些孩子上课的时候想做什么就嗖地站起来去做，和朋友交头接耳，或者在教室里乱转。特别是刚入学不久的低年级的孩子，更会出现这种现象。

所以当我们的孩子被指出上课态度不好时，很有必要向孩子解释上课的意义，以及告诉孩子想说话的时候可以写在纸上或者忍到下课再说。有的时候，孩子被老师责怪上课与朋友说话，但孩子会辩解是因为朋友主动搭话，自己不得不违反规定。如果遇到这种情况，就告诉孩子，有人搭话时就说"以后再说吧"。父母和孩子之间有这样的约定有助于上课态度的改正。

上课时间提不起精神许多时候是觉得学习没意思。而之所以感觉学习没意思，是因为基础太差或者之前已经通过预习学过。解决基础太差的问题，不仅需要学校的努力，也需要父母的努力。了解自己的孩子哪门功课比较薄弱，通过与孩子一起读教科书或者做练习题的方式可以多少解决这一问题。在我观察看来，成绩好的孩子一般上课态度都很好。即便知识都已经学会，上课也会认真听讲。

过度的预习不仅会给孩子带来压力，会摧毁孩子的好奇心，还会让孩子对学校的功课产生自负和轻视心理。有的孩子认为自己已经学习过而不认真上课，但如果真问他们问题，他们还是答不上来。

这并不是说一点都不用预习。当孩子把现阶段的知识都掌握好以后，如果对下一阶段的知识感兴趣的话，可以进行预习。就像我想买什么就去买什么，想去哪儿就去哪儿，想与谁在一起就与谁在一起一样，从中能获得极大的满足感。不管是因为做的题需要用到下一阶段的知识，还是在辅导班和朋友一起预习，又或者是真的想要去预习，只有当孩子想主动去预习时，预习的效果最好。预习的条件应该是刺激并满足孩子的好奇心。这样的预习才能满足孩子的好奇心，得到老师和同学的认可，增强自信心，有一个认真的上课态度。

如果没有带作业本或者其他学习用品，孩子会有一种没有准备好的感觉，上课时间一直处于魂游状态。上学前确认要带的物品也是学校生活必备的态度。

上课时间一刻都静不下来的孩子，需要父母的努力，以培养孩子的专注力和忍耐力。父母可以参考之前的"注意力不集中"里的内容，通过逐渐延长忍耐和集中精神时间的方法，提高孩子的耐心和专注力。

当孩子放学后，应该对孩子说"辛苦了"，经常地称赞他。我爱的人关心我，称赞我，信任我，这会让孩子充满力量。

上课态度认真的孩子一般都是学习到诚实、忍耐和节制习惯的孩子。不管在哪儿，他们都已经做好了接受的准备。父母的关心很大程度上会影响孩子的上课态度。孩子在学校坐一整天听课是一件不容易的事情。对放学归来的孩子说一句"你上课的时候没闹吧？"或者"今天辛苦了。"以此来鼓励孩子吧。

处方笺 请翻看第 3 章"与孩子沟通的处方笺"中的内容。

10. 带上"好奇手册"一起去图书馆（207 页）满足孩子的好奇心，提高学习兴趣。

11. 去书店买书（210 页）培养孩子对学习的好奇心和兴趣。

12. 一起做作业（213 页）孩子和妈妈一起享受安静的作业时刻，有助于提高专注力。

13. 与孩子一起制作查对清单（216 页）使孩子养成忍耐和克制的习惯。

17　经常丢东西

孩子的外号叫"雨伞小偷"。因为只要带雨伞出去就带不回来了。铅笔盒里的铅笔也是，上学的时候带着六枝铅笔，回来的时候一般只剩下两枝。更别提课本和读书记录本了。孩子的妈妈为了买课本去了好多次书店。往家打电话说忘了带东西，需要送到学校，这件事也已经是家常便饭。"千万别丢东西了。要准备好学习用品和作业。"尽管妈妈这样说，但丝毫不起作用。教室的地上滚动着的是铅笔、橡皮，雨伞筒里常年插着几把雨伞。学校的多个角落甚至还散落着无主的课本。

"老师，我忘带作业了"，"老师我忘带学习用品了"，"老师，我忘带课本了。"

忘记，忘记，忘记。不只是家长感到很烦，和孩子们在一起的我也感到很烦。为什么孩子们总是忘记和丢掉东西呢？能改过来吗？如果孩子不把丢东西当一回事的话，如果认为随时可以再买的话，就是还没有意识到东西的珍贵性。就算没有说出这样的话语，可能孩子在心中也是这样认为的。

如果孩子注意力不集中，也有可能导致经常丢东西。自己无法自立，父母为孩子做太多的事情，导致孩子无法看好自己的物品。经常丢东西的孩子中有很多都是经常"神游在外"的孩子。在学校上课的时候老是发呆，没有学习的劲头。这样的孩子就会经常丢东西。

给孩子某件物品时应该向他灌输所有权的观念。让孩子自己在物品上贴上标签，让他们知道父母赚钱的辛苦。每次都不能轻易买东西给孩子。只有当孩子真正需要并想要的时候，才能买给他。当孩子丢东西时，不能轻易再买给他。当孩子把东西落在家里时，也不能跑到学校送给他。因为没带学习用品而被老师训斥或者上不好课，这样才能让孩子印象深刻。让孩子养成在上学前一天提前准备好上学用品的习惯，引导孩子将使用后的物品放回原位。这与前一篇提到的整理也有很大的关联。如果我自己整理物品，就会产生对于物品的主人意识，增强自立能力。

"从学校回家时，去辅导班时，下公交车时，我有没有落下东西呢？走之前先环顾下四周。"告诉孩子这样去做，养成每次转换地点时，环顾四周，考虑有没有落下东西的习惯。如果想改正孩子的某种坏习惯，使用"查对清单"和"收集贴纸"等方法会特别有效。

为了改正孩子散漫、注意力不集中的问题，父母最好抽出时间和孩子一起冥想。按照孩子本身的性格去养成适合孩子的习惯，是父母最应该做的事情。另外，父母应该多与孩子对话，帮助孩子更加积极阳光地面对生活。孩子总是显得忧郁，或者经常陷入沉思的话，父母就该注意观察孩子是否存在大的压力，或者患有抑郁症、ADHD 等疾病。

请翻看第 3 章"与孩子沟通的处方笺"中的内容。

处方笺

09. **做志愿活动**（203 页）很少有孩子能把志愿活动忘记。

19. **家庭打工**（235 页）定期的打工会让孩子更加懂得珍惜自己的物品。

20. **探险父母**（238 页）让孩子用做事来换取物品，告诉孩子物品的珍贵性。

18　经常和朋友打架

手机响了。是班主任的电话。担心发生什么事情的我赶紧接起了电话，原来是孩子在学校和朋友打架了。孩子在家里没事，一旦到学校就和朋友们打架。我非常内疚没有教好孩子。可是平时在家里听爸爸妈妈话，成绩也不错的孩子，为什么一到学校就变样了，我对老师和孩子的朋友也有很多不满。

这是一位妈妈的想法。你有没有这样想过呢？为什么我的孩子会和朋友打架呢？

信民与真玄在打架，两个人似乎打红了眼。为免事态扩大，需要尽快阻止两人。这是男孩子间的斗争。将两个人阻止后，

"你们为什么打架？"

"老师，信民先动的手。"

"信民为什么打真玄？"

"我没有打他，不过是开玩笑。"

有的孩子特别容易和别人打架。大家称呼这样的孩子为"斗鸡"。这孩子到哪儿，哪里就会有争斗。

那么上述情况是信民的错，还是真玄的错呢？这个要看具体分析。信民

的问题在于，没有意识到自认为是玩笑的行为会对朋友造成伤害和困扰。真玄的问题在于，对于朋友的玩笑误认为是攻击的信号，而动手打了信民。

"真玄啊，信民只是想和你亲近才这样的。"

"信民啊，当朋友心情不好的时候，你的玩笑就不是玩笑了。"

当然孩子们能从打架中习得社会性，而且也能摆脱以自我为中心的想法，学会站在对方的立场考虑问题。然而，如果年级越高，打架次数越频繁的话，就应该特别关注孩子的打架问题。

经常因为招惹朋友而产生冲突的孩子可能是不知道如何与朋友相处。在这样的孩子看来，自己本来是在开玩笑，没什么问题。为此，父母应该教会孩子如何同朋友相处，以及提高孩子的共情能力。

共情能力，指的是感情移入能力较强的人对对方的感情和心情感同身受。对我们来说，共情能力就是换位思考，这需要后天的训练。父母最好多给孩子提供角色扮演的机会。看电视或者动画时，适时询问孩子，"你经历这种事情心情会怎样？""你是他的话，会伤心、高兴还是寂寞呢？"通过这样的发问方式，让孩子转换到他人的角色上去。当孩子与朋友打架时，也要引导孩子换位思考，站到朋友的立场上思考问题。

想象一下对于朋友的玩笑过于敏感的反应，因此引发斗争的情景吧。这种事情在学期初，也就是和朋友不太熟悉的时候经常发生。但当和朋友熟悉起来，遇到朋友的玩笑，孩子一般会说着"你又这样？"并不把这件事放在心上。因此，在家长看来，孩子似乎一天天变好了。而 1 年过去，升入新的年级时，孩子遇到了新朋友，斗争又开始了。

因为不起眼的问题而发展成打架事件，其中有着各种各样的原因。可能是孩子比较自卑，受害意识强，把朋友不经意的行为当作是欺负自己。而自卑的原因可能是家庭中父母与子女关系不融洽，父母过度批评孩子，或者很少称赞、赞同以及向孩子表达爱意。所以孩子的内心充满愤怒，不能够包容他人。过于不安的孩子经常难以解读朋友的行为。他们不能区分出朋友的行为是无心的，还是有意的。

如果父母对孩子有求必应，或者没有兄弟姐妹的话，可能就不知道如何去解决人际关系中的矛盾。孩子盼望和朋友一起玩耍，但不知道怎么接近朋友。和朋友出现矛盾时，也不知道如何去解决，导致自身的负面情绪通过怒火和吵架表现出来。所以，父母应该给孩子多交朋友的机会，引导孩子学会解决冲突，调节自己的感情。

让孩子看到夫妻间的争吵也不一定是件坏事。长时间生活在一起，怎么可能没有摩擦呢？当然，充满暴力的争吵不会对孩子的人际关系有所帮助。只有那种用话语说明自己的想法，充分倾听对方的意见，寻找共识的夫妻争吵，才会让孩子学到解决人际关系冲突的方法。

和朋友在一起，有时候内心会受到伤害。为此生气、表现出愤怒是孩子情绪调节能力不强的表现。情绪调节能力不强的孩子，很难获得良好的人际关系。

情绪调节指的不是对情绪的抑制，而是对情绪的一种平衡。如果看到孩子无法调节自己的愤怒，用动手的方式缓解的话，父母应该及时教会孩子其他调节情绪的方法。在这期间，最重要的是不要去指责孩子发火这件事。应该让孩子意识到他生气的理由并不正确。如果孩子因为朋友的举动感到生气时，就让孩子再三思考后采取行动。"想想他是不是故意让自己不高兴。"经过思考后，判断朋友是无心的，还是有意的。另外，将生气的情绪分为第一阶段到第十阶段。让孩子从客观角度分析是否应该生气、争吵。因为有时候孩子处于应该生气的阶段，火气却发不出来。

得知孩子和朋友打架后，父母应该怎么做呢？是不是应该问，"你就傻瓜一样挨揍吗？"这样会让孩子感到有父母这个坚实的后盾。而连父母都指责孩子，会让孩子失去对父母的信任。

当孩子与朋友打架后，父母对孩子说，"这是朋友喜欢你才这样做的。"这样说怎么样呢？这是对孩子问题的一种回避和放任自流，而且会让孩子感觉父母不关心自己。之后再发生伤心的事情时，孩子也不会告诉父母。

如果自己的孩子是主动打人的一方，父母也不应该只斥责孩子。孩子为什么打朋友，应该在倾听孩子的理由后，告诉孩子以后应该如何应对。孩子打架后父母应该做出的第一反应是，"你一定很伤心。"表现出对孩子的感同身受。父母能体会到自己的感情，这会让孩子愤怒的内心沉静下来。等到孩子镇静下来以后，父母再告诉孩子调节情绪的方法，以及解决人际关系矛盾的方法。

请翻看第 3 章"与孩子沟通的处方笺"中的内容。

处方笺

03. **养植物**（183 页）通过养植物让孩子的心灵变得宁静。

07. **熟悉感情表达方式**（198 页）教会孩子如何采用合适的方式发泄怒气。

16. **一起边看电视或电影，边聊天**（227 页）以此培养孩子的共情能力和情绪调节能力。

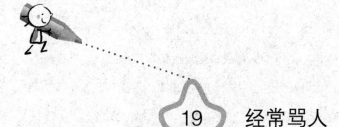

19 经常骂人

你能想象天真可爱的小学生口中满是污言秽语吗？有一个特别受同学们喜欢的男孩子。他性格活泼，幽默风趣，朋友们都很喜欢他。但是他总是说脏话。当我向他的母亲说起这件事时，他的母亲吃惊地表示，"他在家从来不说。"

说脏话骂人在一定程度上能够缓解压力，让心情变好。据说脏话可以降低因压力过大身体出现的疼痛感，对减少"压力引发的疼痛"和缓解压力有一定的效果。然而这个方法只对自身有效。对被骂的人来说，这是一种语言暴力。

讲脏话会成为一种习惯。在互联网时代，孩子很容易接触到一些污言秽语，在不知道什么意思的情况下使用这些脏话。因为他们认为说脏话是一件很酷的事情。

对于如何解决孩子说脏话这个问题，我也思考了很多。有的家长认为，如果禁止孩子说脏话，可能会引起反效果。而且脏话可能对孩子来说只是一时的。所以当听到孩子说脏话时，家长会置之不理。孩子知道骂人是不对的，如果没有因此受到惩罚，他会认为可以说脏话。

"敬语"是六年级学生生活中的重要一环。有的学校还指定六年级的学生必须使用敬语。朋友间要使用诸如"敬民君，你这样做是不对的。""真善小姐，你是不是太过分了？"等敬语。这样的措施据说有效减少了学生的打架次数。

由此可见，我们使用的语言决定了我们的思考和行动。话是我们生活中的一部分。喷洒香水，会留下香气。一个人的香气和味道是由他所使用的语言决定的。如果孩子养成了不说脏话的习惯，就不需要再对孩子的人生进行特别的教育了。

不过，人们对脏话的定义仍无定论。孩子不应该使用的脏话是那种过分的脏话。男孩子间使用的"臭小子""呀，你这家伙"等是一种文化的体现。朋友间使用的"傻瓜""笨蛋"则属于玩笑的一种。如果因为朋友说了一句"你这家伙，不是约好了今天见面嘛"，就认为朋友骂人的话，只会使朋友关系变得疏远。

当孩子说脏话时，父母应该告诉孩子说脏话为什么不好，这些话中有什么含义。虽然这些脏话让自己感到一时的舒畅，但听的人会受到伤害。另外教会孩子其他能够发泄愤怒、缓解压力的方法。生气时只让孩子压住火气，不让他骂人，会让孩子内心感到压抑。因此，当孩子生气时，告诉孩子一些可以表现不满情绪的"真是不爽呢"等话语。

在家中表现得听话，一到外边就表现出攻击性的孩子，一般是孩子在家中受到过分压制，或者父母的标准给孩子带来了压力造成的。父母应该仔细感知并认同孩子的情绪，不让孩子的愤怒累积。另外，父母不要在孩子面前骂人。

请翻看第 3 章 "与孩子沟通的处方笺" 中的内容。

处方笺

04. **开派对**（186 页）用派对的方式缓解孩子的压力。

17. Bed Time Story Reading(**睡前讲故事**)（230 页）用故事缓解孩子的情绪。

20. **探险父母**（238 页）和家人一起分享对话，养成正确的语言习惯。

20 孩子有异性朋友，应该进行性教育吗？

"老师，他没有男朋友（女朋友）。"现在大家都会耻笑没有交过男朋友或女朋友的孩子。

"呀，你的女朋友是谁啊？"

对孩子们来说，问别人有没有异性朋友是很自然的事情。而且交往100天，对他们来说是了不起的事情。一天到晚换男朋友或女朋友，"交往""被甩"这些话经常出现在他们嘴边。孩子们还会戴情侣戒指，一起过纪念日。而且，孩子也表现出了对美的追求。例如一些女孩子开始往脸上抹BB霜，在嘴唇上抹口红。

小学生们的异性交往不再是以前只有"坏孩子"才会做出的事情。根据以小学一至六年级的学生为对象进行的一项调查显示，30%的孩子回答有"正在交往的异性朋友"。恋爱问题成了孩子们所关注的问题。考虑异性交往的年龄层正在逐渐降低。小学生真正开始关心异性，与异性交往的时期是四年级。他们一点都不怕被老师、爸爸、妈妈发现自己正在恋爱，反而对有异性朋友这件事感到很自豪。身边的朋友也公开祝福他们。他们对感情的表达也毫不犹豫。

面对这样的情况，老师与父母充满担忧。害怕孩子们的交往关系会变质，演化为过度的身体接触和错误的性关系，而且害怕这样会影响学习。

我问孩子们，"你们交往了以后要做什么？"他们回答要一起吃饭，一起去练歌房唱歌。在同一个班级，有时候看到一个孩子先后跟多个孩子交往。他们所说的交往，其实和大人的因为相爱所以交往的情况不一样。

"交往"在孩子们看来，就是想和漂亮的、帅气的朋友亲近。因为我们交往了，所以很亲近。而且大部分朋友都交往了异性朋友，如果自己没有的话，很容易被排挤。

因此，我们不用对孩子们只是关系亲近的交往持否定态度。不过有一点我们很担心。那就是孩子们还小，怕他们不小心越界，以及在家长们默许他们交往的态度下，会不会把交往看成正常的事情，并且因此疏忽了学习。

"一天，孩子们对我说，'老师，智焕是 kakao 帅哥。'

'kakao 帅哥？那是什么？'

'在现实里没有人气，但在 kakaotalk① 里面很受欢迎。'

'受谁欢迎？'

孩子回答，'不知道的人。智焕把拍的帅气的照片传到网上，回复他的人特别多。'

———————
① 一款手机即时通信应用软件，类似于微信。

通过社交网络认识新朋友，相互回帖，在孩子们看来是很正常的事情。"

"寻找男友。快过生日了，想要收到祝福。"

"首尔16岁男子求女友。"

这是会员数达2万余名的C网站中一个关于交往的帖子。在这里，每天会有数百条关于寻找异性朋友的信息。由于网络的隐蔽性，我们很难确认传到网上的照片和自我介绍是真的。不同于现实中的交往，网络上的交友缺少了责任感。尽管如此，网络恋爱仍然成了如今社会发展的一个趋势。大家都在用智能手机，各种聊天应用铺天盖地而来，更显示出了这种倾向。

用kakaotalk收发信息，维持男女关系的人甚至有了"kakao恋人"。在网上写交往帖子的人一般都是十几岁的青少年。大家经常可以在网上看到才十三四岁的孩子在网上求交往。同时也能找到小学生会员的帖子。这样的环境有可能诱发犯罪。

对家长来说，和孩子谈论交往话题似乎很难做到。"我的孩子现在还什么都不知道。他应该没事。"犹豫自己应该说什么，应该赞扬他还是反对他，应该怎么提起话题。对于孩子的异性交往问题，我们到底该怎么做呢？

我故意在教室里装作很酷地说道：

"轩宇，你有女朋友吗？有还是没有？"

"啊？没有。"

"说实话。你只对老师说。"

"为什么？"

"老师好奇嘛。我会保密，你说吧。"

"有。"

这样的对话比"你交往干什么？"等要自然多了。而孩子在跟老师吐露实情后，会觉得"这个老师比较理解我呢。"然后将所有的事情都告诉老师。

对异性的渴求不会因为压制而消失。因此，与其向孩子说"绝对不行"，不如将其看成孩子成长必经的一个阶段更好。

如果我们能感受孩子的感情，为他出谋划策，将有助于孩子在异性交往上的成长。异性交往是孩子"建立与他人联系"的练习，可以视作和人建立关系，在这个世界上生存的必经之路。可以学到如何准确表达自己的感情，理解和关怀异性。

父母最好和孩子建立心与心的交流，当孩子开始和异性交往时，感情上遇到困难时，对性感到好奇时，都能向父母倾诉出来。因为异性关系越隐秘，其中的危险性越大。

为了让孩子愿意向父母诉说他的异性交往对象、对异性的感情，得知孩子交往一事时，父母不要难以接受，给孩子受到监视的感觉。"那家伙是干什么的？""你们在哪儿认识的？"这样刨根问底式的问话会让孩子干脆闭上嘴，甚至说谎话。另外，大人也不能认为孩子的感情幼稚、可爱。

而且，孩子可能会怕父母责骂或干涉而隐瞒交往的事实。遇到这种情况，父母可以和孩子一起边看电视边谈话。"那样的人怎么样？很帅吧？"或者"现在学校的情侣们过纪念日的时候都买什么礼物？"通过这样的对话减少和孩子心灵上的代沟。另外，父母可以告诉孩子自己的恋爱故事，小学的时候喜欢的男孩子、女孩子，这样孩子就会很自然地提起自己的事情。

还要记下异性朋友的姓名、家庭、电话号码等，使孩子的异性关系公开化。

认识异性后，人们都会对性产生兴趣，特别是在隐蔽的地方，这种意识会更加强烈。因此，父母一定要对孩子进行基本的性教育，告诉孩子把异性朋友带到没人的家里，或者和异性朋友在一起的时候，把门关上是很不礼貌的行为。

还要告诉孩子身体接触的程度。父母也许会感觉这样的话题很尴尬，但这一部分会让孩子感到特别刺激。身体接触会产生性冲动，如果无法抑制冲动会发生什么事情，让孩子自己思考这样的事情导致的后果他能不能承受。

学校虽然也有性教育，但对于性的了解水平，每个孩子是不一样的，因此效果远不如在家中更好。在家庭中，父母和孩子之间会回避这样尴尬的话题。然而就算尴尬，话题也应该继续，让孩子意识到性的珍贵，以及形成正确的价值观。

对于高年级的孩子，父母有必要进行避孕教育。这种以防万一的教育，能防止更大的危害产生。与其因为不知道而出现歪曲的性意识，不如和父母一起谈论，建立正确的性意识更好。

父母应该引导孩子把异性交往当成学习的动力。"成绩好的话，智贤会更喜欢你。"通过这样的方式鼓励孩子。在上课时，如果一句"大荆啊，敏儿在看你"的玩笑话，就会让大荆有意识地端正姿势。当孩子有了异性朋友时，放任自流和监视孩子不利于孩子人际关系能力的提高。为了让孩子从健康的恋爱中获得情感发育，父母应该认同、关心和指导孩子。

处方笺 请翻看第 3 章 "与孩子沟通的处方笺" 中的内容。

01. **坦率表达内心**（175 页）孩子向父母坦率地表达异性关系的关系才是健康的。

04. **开派对**（186 页）在愉快的气氛中，分享关于异性朋友的话题。

20. **探险父母**（238 页）用坦白的对话打开交流之门。

21　固执己见

教室里很吵。我一边感叹着教室里没有一天安静的时候，一边走进了教室，询问吵闹的原因。

"老师，又是圭贤，他只想按照自己的想法做。"

圭贤是一个很聪明的、成绩优异的孩子。要做团体作业，但圭贤想自己做，不跟朋友们一起，让朋友们很恼火。圭贤急着说明自己的意见。而其他朋友们则说，"这个要一起做才行。不是你想做什么就做什么。"不过圭贤并不理睬朋友们的话语。

有的孩子一直坚持自己的意见。这种不管意见正确与否，一直固执己见的孩子很容易和朋友闹矛盾。甚至有时候明知道自己是错的，还是坚持自己的意见。

为什么呢？其中一个原因是孩子自尊心强，有自我厌恶心理。这样的孩子大部分成绩优异。因为成绩好，所以自认为在朋友中处于优越的位置。然而这只是表面现象。实际上他们很自卑。在家中，父母不认同他们的失误，会把孩子的错误一个个挑出来进行训斥。经常被父母用这样的方式指责错误，导致心灵受到伤害。

当然孩子也知道父母是对的。但每次都被训斥，让孩子感到很压抑。

他们会将这样的压抑发泄到朋友们身上。所以他们不能认同朋友的错误，甚至也不认同自己的错误，想要战胜这种错误。在家庭得不到认同，受伤的自尊心，想要在外边得到恢复。因为他们有完美主义倾向。

因为父母有完美主义倾向，所以每次都会挑孩子的毛病，不能容忍孩子犯错。而孩子也对别人十分挑剔，做什么都想做到最好。

他们一直处于心理不安的状态中。亲子关系不融洽，没有得到充足的父母爱的孩子心理持续紧张，所以总是抱有"谁敢惹我试试"的态度。在这样的状态下，遇到别人反对自己的意见，会被孩子当作是对自己的攻击和威胁。所以孩子会坚持自己的意见，想要赢得对方。

固执己见的孩子在参与集体活动时，会强迫其他孩子按照自己的想法去做。所以经常和朋友们爆发冲突，因为自以为是被大家所讨厌。虽然个人作业每次完成速度都很快，但需要合作的集体作业总是不听大家的意见，完成速度缓慢。

受大家喜欢，和朋友在一起时光芒四射的孩子并不只是成绩好的孩子。所谓的在一起时光芒四射，指的是在沟通出现问题时、活动中出现矛盾时，能够妥善解决问题和矛盾的孩子。聪明并且成熟的孩子具备领导者的能力，在活动中处于主导地位，而且不会固执己见。他会将所有人的意见收集起来，加以考虑，还会按照每个人的特点分配任务，倾听他人的想法，懂得协商。朋友之间即使产生矛盾，也会很快得到解决。

与独立战斗能力强的孩子相比，这种懂得关怀他人、具备仆人式领导能力的孩子更受同学们的欢迎，未来成功的可能性也更高。

一般来说，这样的孩子的培养要归功于家庭的教育。怎么样才能培养这样的孩子呢？现在孩子们很少有玩耍的时间。放学和放假后不是去参加活动，就是去辅导班，习惯了一个人活动。孩子只有和朋友一起玩才能经历争吵、失望、挫折，人际关系的熟练度才能提高。

和朋友在一起时光芒四射的孩子能条理分明地说出自己的意见。不大会用语言表达的人，在说明自己的意见时会不会急哭呢？学生也是如此。学生们不能将自己的意见顺利表达出来时，郁闷之下会大声喊叫，甚至爆发冲突。所以，平时孩子应该多通过读书和间接体验熟悉词汇，练习表达自己的意见。

父母要认同自己的孩子。称赞他，对他所犯的小的失误选择视而不见。对于一定要改正的习惯和行为，应用坚决的态度表明，并详细说明需改正的原因，并且平时多向孩子表达爱意，增强孩子的信任感。

对于孩子过于挑剔，事事都让孩子按照自己的意图去做，会使他受到压抑。父母应该认同孩子的自律性，给他选择的机会。对固执的孩子提意见时，可以这样说，"妈妈是这么想的。像妈妈说的那样做怎么样？你不喜欢的话就算了，但我希望你好好考虑考虑。"

做错事向孩子道歉，感谢孩子时用话语表现出来也很重要。很多时候，我们都仗着自己是父母，自己是老师，而不向孩子说"对不起""谢谢"。有的孩子在教室里和老师对峙，坚持自己意见的时候，如果老师说，"老师想错了，对不起。"这会让孩子停止过激的反应，露出迷茫的表情。认同孩子并表现出来，能让孩子意识到，向朋友们承认自己的错误其实没什么不好。

在孩子做错时，我会将孩子的错误模仿出来。例如，当孩子说孩子气的话，上课时间把手支在下巴上，固执己见的时候，我会用孩子气的语气讲课，把手支在下巴上上课，以及模仿孩子坚持自己意见的场景。这样，孩子就可以从客观角度意识到自己的错误。

社会性的发展程度是现在成功的标尺。再怎么成绩优异，如果不能和身边的人融洽相处，被人排斥，也不会充分发挥自己的才能。请告诉孩子：团队协作与妥协也是一种能力，一起努力会产生多大的力量，以及共同努力比自己一个人努力要更好。

请翻看第 3 章"与孩子沟通的处方笺"中的内容。

处方笺

07. 熟悉感情表达方式（198 页）让孩子练习和别人友好相处，以及在别人面前表达自己的意见。

09. 做志愿活动（203 页）营造和许多人一起活动的氛围。

22　女孩男孩子气，男孩女孩子气

　　淑娴是男孩子气的女孩。喜欢踢足球，说话的语气也像男孩。她还像男孩子一样喜欢捉弄女孩。比起女孩子，她更喜欢和男孩一起玩耍，午饭时间总是和男孩一起去踢球。淑娴每天早上都会和妈妈发生战争——想让淑娴穿上裙子、绑起头发的妈妈与只想穿裤子的淑娴之间的战争。

　　有一天淑娴迟到了。淑娴的妈妈来电话说："对不起，淑娴迟到了，因为我们吵架了。"这时，脸色泛红的淑娴跑进教室。实际上，因为淑娴上课态度不认真，前一天我和淑娴妈妈通过电话。我猜想是不是因为这个所以淑娴被训了。我把淑娴叫过来才知道，早上她被爸爸打了。她说因为她闹着不想穿裙子所以被打了。可能淑娴的爸爸认为孩子太疯了，一点都不像女孩子，也许她穿上裙子，像女孩子一样的话，学习态度就会变好吧。

　　还有一个叫志兴的孩子，他虽然是男孩子，但行为却像个女孩。志兴不喜欢去体育场，他更喜欢安静地在教室里玩。他喜欢漂亮可爱的东西，也喜欢玩娃娃。志兴的家里有两个姐姐，他是最小的一个。他跟姐姐差十岁。因为是最小的，再加上姐姐们的存在，他的周围都是可爱的东西。妈妈对志兴女孩子气的举止也特别担心。

　　在一次广播中提到过这样一个像男孩子的女孩。大家都很好奇她为什么像男孩子一样。她回答说，因为小时候爸爸经常打妈妈，她想变得强大来保护妈妈，所以费尽心思想要变得像男人一样。可是她的母亲却希望她能够更有女人味，找到一个不错的男人。

孩子想要变得像异性一样肯定有其原因。可能是因为小时候的经历、兄弟姐妹的关系，也有可能毫无缘由。然而，首先父母应该做的是认同孩子本身。强制孩子穿上裙子，并不能使男性化的孩子变得女性化。

孩子长大后，性格会随着遇到的人、经历过的事情、读到的书发生变化。实际上我曾经见到过小时候很男性化的朋友进入大学后，开始穿有女人味的衣服，还交到了男朋友。我也见过一些女性化的男孩子在青春期和变声期后开始变得有男子气概。就算性格没有改变，他们也会找到适合自己性格的工作。比如男性化的女性独立创业，女性化的男性成为发型设计师或料理师。（当然并不是说所有的发型设计师和料理师都是女性化的。只是这些职业要求细心认真的性格。）不管是女性化还是男性化，这种同时具备男性和女性特征的人实际上在工作和生活中更具优势。因此，我希望父母不要因为孩子过于男性化或女性化而试图改变孩子，造成亲子关系的紧张。

如果孩子没问题，父母就要给予认同。如果孩子出现问题，父母就要及时提供帮助。例如，男孩子因为女性化而受到朋友们的排斥，所以孩子肯定会很难过。孩子的朋友关系出现问题，压力也会变大，如果孩子想要因此改变性格，父母就应该帮助孩子正确认识性别。父母可以让女性化（男性化）的孩子多与男（女）孩子一起玩，看一些表现男（女）性性别的电影和书籍。

从这一点可以看出爸爸和妈妈分别担负着不同的重要作用。因为孩子是通过父母学到东西的。儿子从爸爸身上确认自己的性别，从妈妈身上获得了女性的价值观。女儿则相反。因此在养育子女的过程中，需要爸爸妈妈的共同参与。这样才能担负起男性和女性不同的作用。爸爸妈妈中缺少任何一方的话，可以为孩子选择男性（女性）老师、跆拳道（钢琴）辅导班老师等，以此来代替父母的作用。

请翻看第 3 章"与孩子沟通的处方笺"中的内容。

处方笺

01. **坦率表达内心**（175 页）和孩子谈话，确认是否有性别上的压抑。

16. **一起边看电视或电影，边聊天**（227 页）通过电影和书籍等进行间接体验。男孩子多做运动，女孩子多玩些需要细心的游戏，根据孩子的气质安排活动。

对孩子来说，好妈妈不是"完美的妈妈"，而是"走心的好妈妈"。

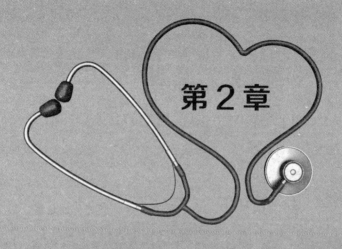

第 2 章

父母听诊器

01　我是布妈妈，还是铁丝妈妈？

想象一下下面两种丈夫的类型吧。

1号：每个月赚250万韩元。温柔体贴，善解人意。会帮忙做家务，家里的大小事都会参与。有时候会买一束玫瑰花回来，下班回家的路上会买妻子喜欢的东西。

2号：每个月赚500万韩元。经常加班，参加公司聚餐，很少早回家。在没有公司聚餐的日子里，会和朋友出去喝酒。认为家里的事就该女人去操心，很少关心家里的事情，几乎不会向妻子表达爱意。

你想选择哪个丈夫呢？请参考下面的实验吧。美国心理学家哈利·哈洛将刚出生的猴子和母猴隔离开来，为小猴子提供两类代母。一种是胸前挂有奶瓶，能够喝奶的铁丝妈妈，一种是不能喂奶的温暖柔软的布妈妈。刚开始他认为铁丝妈妈可以提供奶水，所以小猴子应该会在铁丝妈妈身边。

然而，小猴子只有在饿的时候才跑去铁丝妈妈那里喝奶，大部分时间都依偎在布妈妈身边。等待小猴子长大后，吃东西的时候都紧紧抱着布妈妈。

当向小猴子展示恐怖的声音或刺激时，一直和布妈妈生活的小猴子会跑向布妈妈，紧紧贴在布妈妈身边，直到镇定下来。而一直和铁丝妈妈生活的小猴子即使处于恐慌中也不会跑向铁丝妈妈，而是表现出惊慌失措的非正常举动。

在之后的实验中，实验人员又将一些新奇的东西递给小猴子。正常养育状态下长大的猴子看到新奇的东西会兴奋地跑起来。因为对灵长类动物来说，好奇心是生存的本能。然而与铁丝妈妈一起生长的小猴子看到新奇好玩的玩具，不会做出任何反应。

在代母身边长大的这些可怜的猴子长大后会出现精神不正常、暴力倾向、自虐倾向等。

通过这样的实验可以得知，小猴子寻找的不是母亲，而是母亲温暖的怀抱。而且与食欲等本能欲求相比，情绪上的安定、身体接触、亲密感更加重要。如果心里感到不安，学习和记忆能力会随之下降，也很难生存下去。

有的父母很少向孩子表达爱意。这样的父母不善言辞，认为"爱一定要说出来吗？"同时，他们很少与孩子身体接触，也从来不会说"我漂亮的女儿""小王子""我儿子最棒了！"等话语。不懂得称赞孩子。

这样的人一般小时候都和父母的关系不怎么好。由于父母的漠不关心或严格对待，他们很少感受到爱。可是，对孩子表达爱意应该像吃饭一样正常。就像不吃饭活不下去一样，感受不到爱，人们不能过正常的生活。

通过另外一个实验，大家也可以了解到情绪的安定、身体接触有多么重要。德国皇帝腓特烈二世想要知道孩子如果在没有声音的环境下长大，会不会使用语言。因此他把几个孩子从父母的手里夺了过来，让保姆抚养长大。保姆只能给孩子喂饭和洗澡，不能触摸孩子，也不能和孩子说话。

结果怎么样了呢？没有过任何语言刺激和身体接触的孩子们使用了哪种语言呢？这个残忍的实验还没有得出结论，孩子们却先后得了水痘去世了。他们死的时候还不到说话的年龄。一个历史学家对这件事这样记述道。

"没有抚摸，孩子是活不下去的。"

皮肤只有受到一定的速度和压力才能出现神经 C 纤维。当妈妈抚摸孩子时，就会出现活跃的神经 C 纤维。身体接触像魔法一样发挥巨大的力量。因为充满爱的身体接触能让人感到幸福。

感到爱的抚摸的一瞬间，人体内眼窝前额皮质的活动就会变得活跃。而且身体接触能有效缓解心血管压力，抑制可的松等压力激素的分泌。

身体接触如同按摩大脑。皮肤是裸露在外面的大脑。成年后的我们依然渴望接触安慰。孩子获得父母身体接触式抚慰，就可以安定下来。

下班后抚摸一会儿孩子的脸庞，周末怀着愧疚的心情为孩子买美味的食物或孩子想要的玩具。这样的父母是铁丝妈妈。电视剧里经常会上演孩子在医院被抱错的情节。而孩子会选择生他的母亲，还是养他的母亲呢？

对孩子来说，养他的人才是妈妈。如果父母为了工作为了赚钱难以照顾孩子，即使父母说，"你知道我为了赚钱养你受了多少苦吗？"孩子也不会领情，反而会说，"谁让你这么辛苦了？"

孩子需要的父母不是能够让自己吃得更好、穿得更好、接受更好教育的人，而是给予自己富足精神上关心的人。那些经济稍有不足，但一直关心爱护孩子的父母才是孩子最需要的。我是只给孩子奶水的铁丝妈妈吗？还是给予孩子安全感的布妈妈？请大家思考自己是否是孩子理想中的父母吧。

Talk,Talk!

　　"成为父母后的我"回头看看"小时候的我"吧。当时的我受过伤害吗？我希望的"父母"是什么样的呢？请包容和爱护小时候的父母和我，现在的我和孩子吧。这样我们才能敞开心扉。早上起床时、上学时、晚饭时，试试和孩子身体接触怎么样呢？尽量与孩子多相处，多找到孩子身上的闪光点。小时候的爱能够决定孩子的一生。

　　请铭记以上事实，写下成为布妈妈应该做到什么吧。

称赞的技巧

① 具体的称赞

不具体的称赞会降低可信性。孩子会认为这是父母随便说的话。如果称赞孩子"画得真好"，而孩子回答"没有"，表明孩子在怀疑父母的话。而如果称赞孩子，"工笔很好，而且颜色采用得也很合适。"孩子的心情就会变得很好。与"做得好""太棒了"相比，具体的称赞更加有效。

② 称赞小事

就算再小的事情，如果经常受到称赞，也会鼓励到孩子继续努力。父母仔细观察孩子、称赞他比别人做得好的小事，对加强亲子关系会很有效果。

③ 不仅称赞结果，还要称赞过程和付出的努力

只称赞结果，会让孩子产生"结果至上主义"的想法，所以孩子在下次同一情况下会因为想要成功的结果而产生巨大的压力。为了成功，孩子也许会采取极端的手段和方法。因此，请父母不要称赞孩子，"你真聪明，考了 100 分"。

请称赞孩子，"你的努力有了收获。希望你一直保持努力"。

④ 借第三者称赞

第三者的称赞会增强可信度。

如果称赞孩子"今天妈妈去开家长会，老师说敏熙上课态度认真，很喜欢你呢。"孩子会更加努力学习。

02　耳根子软的父母，没有自己的育儿框架

在说育儿框架之前，我们先来思考"框架"是什么。框架指的是"模具"。即，视角不同，眼中的现象也不同。

A：这个手术的成功率有 90%。

B：这个手术的失败率有 10%。

A 眼中的框架是"成功"，B 眼中的框架是"失败"。在不同框架中看到的问题是不一样的。人生、恋爱、工作、育儿等所有事情都有其框架。每个人的框架都不同。

育儿框架是关于想要培养什么样的孩子，希望孩子有什么样的生活的框架。即，对育儿的长期目标。如果问父母，"想要培养什么样的孩子？""希望孩子做什么？"，大部分都会回答，"幸福的孩子"。"幸福"，这个简单的问题就能决定我们的"育儿框架"。

父母的育儿框架不同，孩子所处的环境也不同。而针对这个环境，父母所采取的措施不同，导致了孩子也有所不同。

假设父母的育儿框架是"孩子遭遇失败也能重新站起来的，对人生充满自信，幸福生活的孩子"。当孩子带着糟糕的考试成绩回到家中，父母会做出什么样的反应呢？

（1）想到自己的育儿框架时：嗯，孩子肯定很伤心，他也很想考好的。下次考好就行了。我该告诉他，要努力学习，以及自己有责任去努力。

（2）没有想到自己的育儿框架时：上课时间听什么了？你这是像谁啊？以后长大了再想好好学习就要花一笔钱了。

反复经历（1）情景的孩子和反复经历（2）情景的孩子未来会有什么不同呢？你知道为什么育儿框架如此重要了吗？那么怎么建立自己的育儿框架呢？回答下面的五个问题，将有助于我们建立育儿框架。

○ 孩子对我来说是什么样的存在呢？
○ 我的孩子是什么样的孩子呢？
○ 你认为什么样的父母是好父母？
○ 你希望孩子长大后做什么？
○ 你希望长大后孩子回忆中的自己是什么样的？

回答以上问题，建立自己的育儿框架后，在育儿过程中我们经常会因为身边人的话动摇，从而忘记了长远目标，只考虑短期目标。因此当孩子稍微做得不够，就会冲孩子大喊、发火，严格管教孩子。

多变、神经质式的教育方式会让孩子迷惑有着两种面孔的父母哪个才是真的。经常莫名发火的父母会给孩子带来巨大的压力，为不知道父母什么时候会生气而不安。

和父母的关系混乱的话，孩子自身也会变得混乱。当父母温柔地对待自己时，孩子会认为自己是一个有价值的人，而当父母突然变得恐怖时，孩子会认为自己是毫无价值的人。

对待别人也是如此。看待一个人，有时候觉得他是好人，有时候觉得他是坏人。当认为对方是坏人时，对方会感觉受到攻击。于是，孩子变成了一个情绪起伏过大、善变、冲动的人。因此，我们应该牢记自己的育儿框架，按照自己的育儿标准对待孩子。那么应该怎么样做，才能使理想的、长期的育儿框架不被妨碍和动摇呢？

我在高等数学里学过"向量"。向量在数学里指的是有方向的量，一般用箭头来表示。想象用向量来表示育儿框架吧。指向一个方向的向量是我们认为的理想的育儿框架，另一个方向的向量是动摇我们信念的障碍物。父母的育儿态度是理想的育儿框架与动摇它的障碍物之和。

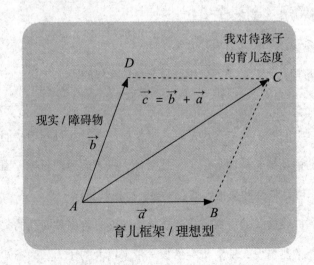

如果父母没有自己的育儿框架，向量 $\vec{a}$ 为 0，那么只会按照现实 ($\vec{b}$) 的方向和大小来养育孩子。但是，理想的育儿框架越大，即使处于同样的现实中，两个向量之和（父母对待孩子的育儿态度）就会离"理想的育儿框架"越近。

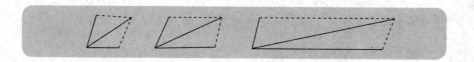

那么如何让父母的育儿框架，也就是长远目标 ($\vec{a}$) 变大呢？方法就是父母加强对自身的"信任"和对孩子的"信任"，以及想要按照自己的育儿标准养育孩子的父母的"意志"。思考和检讨我们对待孩子的态度是否符合我们的长远目标吧。这个努力会帮助我们的育儿框架不被动摇。另外，我们也要反思是否会因为身边的人不经意的话语或琐碎的小事动摇自己的信念。

我是怎样的父母？想要养育什么样的子女？我们所持有的育儿框架不同，以及为坚持这一信念所付出努力程度的不同，决定了孩子的未来。不懈努力与坚定信念的结果会是孩子在父母鲜明的养育态度下逐渐地茁壮成长。

Talk, Talk!

　　刚怀孕为孩子胎教时，孩子刚刚出生时，孩子生病时，我们都在下定决心成为什么样的父母。我们做任何事都要首先确定目标，不管是几周就能完成的项目，还是需要1年才能完成的项目。需要花费差不多20年时间去完成的育儿这件事，如果没有目标那就太说不过去了。

　　与孩子出现问题和矛盾时，即是决定我们成为什么样的父母的瞬间。用我们的育儿框架来思考问题吧。这样的瞬间一个个汇聚起来，成就了孩子的儿童时期。

　　请思考文中的五个问题，写下我的育儿框架。

◆ 孩子对我来说是什么样的存在呢？

◆ 我的孩子是什么样的孩子呢？

◆ 你认为什么样的父母是好父母？

◆ 你希望孩子长大后做什么？

◆ 你希望长大后孩子回忆中的自己是什么样的？

03 什么事情都代替孩子去做的 "直升机"父母

　　检查作业时，我经常让孩子自己说出没做作业的原因。这样可以让孩子回顾自身。虽然不知道孩子说的是真正的原因还是借口，但孩子的原因可真是多种多样。

　　"昨天辅导班很晚才下课。"

　　"和朋友一起玩到很晚才回家。"

　　"把要记录作业的记录册忘学校里了。"

　　这些理由也算说得过去。因为大家都是孩子，孩子本来不喜欢写作业。不过也有一些孩子会生气地这么说。

　　"唉，妈妈昨天忘记把记录册装包里了。"

　　这也算理由吗？每当手机铃声响起，我都会想，"今天又有哪个家长因为什么事情打电话过来呢？"因为许多需要孩子自己负责的事情，父母都十分操心。这种责任心强的父母问我，"老师，今天的作业是什么？""老师，需要带哪些学习用品呢？"如果孩子不清楚作业，或者明天要带哪些东西，可以让他问朋友、问老师。这个都做不到的话，只能在第二天上学后接受处罚。

就在 10 年前，还没有用来专门记录作业的记录册。老师在课堂上提到作业和第二天要带的学习用品时，学生需要自己写在本子上。就算哪天没上学，也一定要打听到当天布置的作业。但现在学校甚至准备了专门记录作业的记录册，以及充足记录的时间。有的老师还会对孩子的记录情况进行检查。因为没记清楚或者老师没检查导致孩子没做作业，就是老师的责任了。因故没来上课时也是。有的孩子前一天没来上课，第二天上学会这样说。

"我昨天和家人一起去体验学习了。不知道作业是什么。"

孩子的话让我目瞪口呆，我经常对这样的孩子说："这时你应该说'老师，我去体验学习了，没能做作业。对不起。'或者问老师或朋友作业是什么，好好做完作业。"

有一天，一位没有做作业的孩子的家长发来短信。"老师，昨天我忘记把玄静的作业记录册放书包里了，所以玄静没能完成作业。是我的错，请不要太过责备玄静。"

孩子忘带记录册，没做作业，为什么是妈妈的错呢？我告诉玄静应该自己准备好记录册，但她并没有做好这一点。

午餐时间吃饭时，我总是会吓一大跳。因为经常有孩子不会挑鱼刺，不会吃鱼，或者不会削水果皮，让我帮忙削皮。我吃惊地问为什么这样的事情都不会，孩子一般都回答因为从来没做过。

一天，上课结束后，一位母亲走进教室。

"伯母，您怎么来了？"

"老师，我来帮孩子整理一下书桌。可以吧？"

她的孩子因为不会整理书桌和保管箱，曾被我训斥过好几次。也许孩子把这件事告诉了她，所以她亲自来帮孩子整理了。乱七八糟的书桌在她的整理下变得干净整洁。然而，第二天，这个孩子的书桌又是一片狼藉了。

现在很多孩子被比喻成在"袋鼠妈妈"的口袋里长大的"袋鼠孩子"。万事都依靠父母的孩子不仅缺乏自信，也缺乏自尊。他们不认为自己能做到某事，总是以为会有人来帮自己做事。所以他们没有做过率先垂范的事情，当然也没有领导能力。

像直升机一样围着孩子打转，发现问题立刻帮助孩子解决的父母被称为"直升机父母"。这个词语第一次出现在1991年美国新闻周刊中。直升机父母会养育出大批量的"袋鼠孩子"。

几年前女性部发布的《青少年意识调查》显示，针对父母是否应该支持孩子大学全额学费的问题，有93%的青少年回答是。另外，有87%的青少年认为父母该准备结婚费用，74%的青少年认为父母该为孩子准备房子。在"直升机父母"养育下长大的"袋鼠孩子"，长大的只是身体，心灵尚未成熟。

成年意味着摆脱父母，精神上获得独立。而独立能力不是在某一个瞬间突然产生的。认为"爱子女"的这种养育方式会让孩子自己一个人做不了任何事。在过度保护下长大的孩子没有多少成功的经历，不够自信。无法一个人做出决定或挑战。"直升机父母"为了孩子而自我牺牲。但孩子长大后，会埋怨父母，"为什么要把我抚养成这种优柔寡断、一个人什么都做不成的人呢？"

父母应该在孩子失败时守护他，并给他更多自己去挑战的机会。小看孩子的能力，因为担心所以将所有事情都替孩子做完的父母，只会让孩子变得不负责任、依赖性强。请从小事做起，多让孩子体验到成功，鼓足挑战新事物的勇气吧。就算孩子失败了也不要责怪他，当孩子请求自己的允许时，不要用一句"不行"回绝他。

我们学校有许多家境不好的学生。其中大部分学生的家长每天都工作到深夜，所以他们小小年纪就要独立做很多事情。作业和学习用品都是自己准备。衣服也是和朋友结伴去买。父母早上没时间叫自己起床，这些孩子自己设闹钟起床上学，所以经常会出现迟到的现象。

有时候学校要求孩子到指定的牙科门诊接受检查，并提交检查结果。经常有孩子在截止日那天还没能提交。父母没时间陪孩子去，孩子也没有办法。我把这样的孩子叫在一起，然后分成小组，告诉孩子，"今天你和这个小朋友一起去牙科检查。"去牙科门诊是一件有妈妈陪着去都会感到可怕的事情。但是这些孩子和朋友一起勇敢地接受了口腔检查，并在检查结果上盖上了章。

看到这些应该在父母精心呵护下长大的孩子要自己站出来经历风霜，我感到有些可惜。当我把这件事告诉心理老师后，心理老师的回答让我十分意外。

"你不用觉得太伤心。现在有许多父母为孩子做了太多的事，导致孩子无法独立。不过这些孩子从小就在培养独立性。虽然是家境不好，但也给了孩子一个锻炼独立能力和韧性的机会。"

听到这番话的一刻我醒悟过来。之后，只要是孩子能独立做到的事情，我都要求孩子自己做。这样的经历将成为孩子未来成功的基石。

请仔细回顾是不是为孩子做了过多的事情、孩子是不是很多事情都无法做、这样做是不是剥夺了孩子的独立性吧。我们能够做的最重要的事情是相信孩子，以及等待孩子摸索长大的耐心。

Talk, Talk!

父母焦急地希望孩子一帆风顺，所以把所有的东西都为他准备好。但人生并不一直都是平坦大道。让孩子独立站起来，为孩子的独立而高兴，才是父母应该为孩子做的事情。

请尽可能多地为孩子提供选择的机会。请给孩子犯错的机会。不要因为孩子抓不到鱼而责备他，应该授之以渔。

请多对孩子说，"你自己试一次""错了也没关系""一个人试试"。

有哪些孩子能独立做到的事情呢？孩子有哪些事情一个人正在做呢？例如打扫房间，整理书包，刷鞋，做作业等。

04　完美主义的父母让孩子感到不安

许多人认为完美主义的人会认真做事，十分优秀。但事实并非完全如此。"病态完美主义者"想要把所有事情都做到最完美，以避免他人的批评和指责。这是一种心理上的防御机制，属于精神疾病。

"病态完美主义者"经常制订不具现实性的高标准、高目标。而且，为了达到目标，不惜使用任何方法与手段。他们将失败视作自己低人一等的证据，不仅使自己很累，也使身边的人感觉疲惫。

追求完美的父母一直持有"孩子应该成为最棒的人"的想法。他们不重视孩子的努力和过程，只注重结果，对孩子的控制欲也特别强。

在一个名为《您好》的电视节目中出现了一位"计划王爸爸"，他把所有的事情都做好计划，按照计划去执行。这让他的女儿感到很苦恼。女儿不满地说，"如果不按计划做事，爸爸就会发火。我看电视的时候，他说到了用电脑的时间了，于是把电视关掉。我和朋友见面时，他会打电话给我说到了看电视的时间了。如果我告诉他要再玩一会儿回家，等我回家后他会立刻让我去修改计划表。"

"计划王爸爸"说："我把自己的零碎时间充分利用起来，做了很多事情。但是我的女儿似乎太没有时间概念了，我一直在考虑'怎么才能把她教育好呢？'。""计划王爸爸"在节目中展示了他的人脉日记、健身计划表、饮食计划表，这让大家为之震撼。一些看了节目的观众评论说，"计划王爸爸的计划似乎有点过度了"，"吓了一大跳。虽然教育的出发点是好的，但女儿肯定很郁闷吧。"

做事有计划是一种值得孩子去养成的好习惯。然而过度强调计划性，会让孩子感到不安，因为总是达不到父母的期待而变得沮丧、不会变通。孩子就应该像孩子一样玩耍。开心地玩耍肯定会出现衣服和鞋子变脏的现象。每次体育课结束，我总会听到孩子们说：

"我要被妈妈骂死了。她肯定会骂我把衣服弄得太脏，很难洗干净。"

这样的孩子害怕衣服变脏，不敢积极地参加活动。经常处于紧张状态，小心翼翼的孩子的父母太过完美了。

尚哲的功课很优秀。每次学校考试成绩都不错，作业每次都认真完成。一天，尚哲又一次考得很好，他把试卷拿给家教老师。

"尚哲你太棒了！今天爸爸妈妈肯定夸奖你了吧。让他们给你买好吃的。"

"没有。因为没考100分，被爸爸妈妈骂了。"

尚哲和辅导尚哲的家教老师都变得很沮丧。很快又一次考试来临了。这次尚哲考了100分。家教老师这次高兴地问道：

"尚哲啊，恭喜你。你的努力有了回报。这次受到表扬了吧？"

"没有。他们问这次班里有几个人得了100分。除了我还有一个人。他们说这次考试太简单了，所以我才得了100分。"

完美主义的父母的标准一般很高，所以很少夸奖孩子，经常拿自己的孩子和别人比较。而且他们看不到孩子努力的过程，只评判孩子的结果。这样会使孩子变得自卑，再怎么努力也达不到父母的要求，孩子有可能因此变得抑郁。

善浩的父母过着十分有规律、完美的生活。在父母的要求下，善浩每天 5 点起床读圣经，做运动，然后上学。善浩放学后做作业，看电视只能看纪录片。做完作业后要去看书或者去辅导班。如果不听父母的话，善浩会被责骂，甚至会受到体罚。

善浩的父母认为让孩子过上完美的生活才是真正的抚养他，善浩正在从中学习他们的生活态度。然而在家里模范生似的善浩在学校和辅导班表现并不好。他经常捉弄朋友以及反抗老师。

孩子在完美父母的教育下，会压抑自己的本性。孩子的愤怒会发泄到父母看不到的地方。他们会攻击朋友，无法适应新事物。孩子因为完美的父母会出现两种面孔，并按照自己的方式缓解压力。

完美主义者经常处于紧张和不安的状态下，做事缺乏灵活性。当孩子做错事时，会害怕别人认为这是"不够格的父母的原因"。因而做出一些强迫症的表现，并且试图过度控制自己以及他人。他们经常向孩子、配偶发火，自身也承受了巨大的压力。特别是，当他们想同时处理好工作和家庭却没做到的时候，压力会倍增。

孩子在要求严格的父母那里得不到安全感，经常处在不安中。父母是训斥自己的人，是可怕的人。经常被训斥的孩子会变得自卑，小心翼翼。在严格父母养育下长大的孩子长大后很少会对父母有正面的评价。您是想让孩子承担必须爱父母的义务呢？还是想让孩子发自内心地感谢和热爱父母呢？

　　完美主义的父母有必要放下对自身的不安和顾虑。这样才能宽容地对待家人和孩子。孩子只是孩子，他正在一步步地学习。成人也会犯错，孩子犯错更是很正常的事情吧？感受到家庭的温馨，被父母合理对待的孩子，对他人也会宽容。请对自己、对孩子，更加宽容一些吧。

Talk,Talk!

　　"我的孩子应该这样做。""我应该这样做。"许多人都怀有这种不合理的信念。他们不停地自责，为这种不合理的信念而努力。虽说是为了养成孩子的好习惯，但实际上只会给孩子带来压力和不安。完美主义起源于缺爱的心。因为不安，所以我一定要这样。而这个信念也会影响到孩子。请认同并珍惜自己，并且认同并热爱孩子吧。

　　我对孩子持有什么样的信念呢？

　　例如，一定要在早晨6点起床。每周必须读三本书，回家必须马上洗澡，一定要使用敬语，等等。

05 过犹不及、懂得太多的父母

　　大部分孩子的问题与父母有关。"没有问题孩子，只有问题父母。"并且，大部分问题产生的时候父母都不知道。因为是第一个孩子，所以很多事情都没经验，不知道如何对待孩子。之后熟悉后，会冲孩子发火，指示孩子做这做那，按照自己的方式养育孩子。

　　如果说太无知会引发问题，懂得太多也对孩子不利。为了好好养育孩子，翻遍所有的育儿书，收集尽可能多的信息，会对孩子造成困扰。

　　SBS 节目《我们的孩子变了》中出现了一位工作为幼儿园教师的妈妈。她的孩子 3 岁。孩子的问题是暴力、神经质、敏感，一到晚上就会惊醒，只有在妈妈怀抱里才能入睡。

　　孩子的妈妈因为做过幼儿园老师，所以懂得很多。她知道应该从几岁开始教孩子认识汉字，应该从几岁开始教孩子弹钢琴。因此，一旦孩子没按照自己所认为的那样成长，她就会焦躁不安，过度地干涉孩子。

　　孩子敲了几下木琴，妈妈就阻止他，"不是这样弹的。"孩子想玩积木游戏的时候，妈妈不让孩子随心所欲地玩，而是在旁边提示他，"找正方形的积木，试试拼起来。"通过这样的方式，过度干涉孩子的游戏时间。

　　对于孩子为什么经常深夜惊醒，寻找母亲的怀抱，专家们的分析让观众十分心痛。孩子每天都承受巨大的压力，他想念母亲温暖的怀抱，想要被母亲拥抱。因为孩子知道，只有晚上这个时间，才能摆脱妈妈的管制，和妈妈亲密接触。

看了节目之后我的心情很沉重。现在的妈妈们对育儿过于关心了。而且，因为只有一两个孩子，所以特别想把孩子养育成才。然而在养育过程中，妈妈很少能找到人及时咨询，也很难听到他人对于自己养育方式的忠告。于是，妈妈们开始翻阅书籍，去网上搜索资料。有时候无知会引发问题，但懂得太多也会引发问题。对孩子期望过高，以此折腾孩子，会给孩子带来巨大的压力。

孩子被过度教育的原因是父母懂得太多。从怀孕时的胎教音乐、胎教童话故事，到孩子出生后的童话全集、有教育作用的玩具等，父母做出了过多的努力。

38岁的高龄生下女儿的金志英对育儿教育特别关心。为了将这个来之不易的孩子培养成才，她在孩子出生6个月的时候就开始为他读书。她在育儿网站和博客上看到许多不到周岁的孩子在上幼儿园之前一直听父母读书，于是她花了210万韩元购买了相关书籍。丈夫问为什么要给不到周岁的孩子买书，她回答说："这样以后就不用再请老师教育她了。"她为孩子读的书10个月有500本，孩子两岁时达到了1000本。

孩子10个月大的时候就表现出了对书的沉迷。除了换尿布及喝奶的时间，每天都在寻找书。当妈妈休息的时候，她的眼睛会一动不动地盯着书直到早晨4~5点钟。

察觉到孩子有些奇怪是在孩子过完周岁的时候。曾经明亮有神的眼睛变得黯淡。孩子不会爬，周岁以后也不会走路。妈妈非常担心。但知名育儿网站回复说这种现象表明"孩子全身心地投入进了学习，是以后成为英才的证据"。

　　"看到这句话我很高兴。我这个愚蠢的母亲相信只要读书就可以变聪明，把孩子毁掉了。"

　　在孩子两岁的时候，她终于感觉到不对劲，停止了给孩子读书。孩子比同龄人的身体发育缓慢多了。三岁的时候，只能爬两三个阶梯。

　　"回归到平凡的生活中来，多陪孩子玩，多用心照顾她。我决心不再读书，神奇的是曾经迷恋书籍的孩子也很快远离了书籍。孩子能通过妈妈的眼神了解妈妈。原来我一直在虐待我的孩子啊。原来我一直在强迫孩子读书，每次看到她我都很心痛。"

　　这是 2011 年 4 月 11 日刊登在《韩国日报》上的内容。这样的事情，只有自认为懂得教育孩子的父母才能做得出来。还不如无知一点，不去想读书教育，让孩子快乐长大后，自然而然地产生对识字的兴趣更好。而且，孩子在与父母的对话中，会一个单词接一个单词地学习。提供过多的信息只会带来副作用。英才的父母都熟读育儿书籍，拥有丰富的育儿知识吗？以英才父亲著称的某个爸爸曾经说过这样的话。

　　"所有的孩子生下来都是英才。只不过是一些父母不承认这点。父母对孩子的不安焦躁心理，孩子会马上感知到，从而认为自己是没用的孩子。当父母信任孩子时，孩子就会成长为英才。"

聪明的儿童教育会让孩子和父母都感到疲惫。想法太多会导致人陷入混乱。养育孩子没有标准答案。在育儿过程中，有些东西父母发自本能地知道应该怎么做。但看到其他孩子，并进行比较后，父母会变得不安、焦急。当孩子出现问题时，不必去网络发帖求助。因为父母是最了解孩子问题的人。

父母应该根据与孩子共处的日子、孩子的性格和父母的性格，做出判断。不要在信息的海洋犹豫不决，抛掉那些无谓的担心吧。懂得过多还不如不懂。经常陪孩子在一起，关心和爱护他，孩子自然就会如妈妈期盼的那样长大。

懂得太多反而受其所害的父母的原因是什么？是不安。与信任相比，他们更重视自己的欲望，热切希望正在爬的孩子学会跑。希望想跑的孩子慢慢走路。过度的教育折射出来父母的不安心理。

有位雕塑家在雕塑一幅作品。他每次都能雕刻出拥有黄金比例和细腻表情的雕像。一个惊叹他的作品的人问道：

"到底是怎么雕刻出这样完美的作品的呢？"

他回答道：

"我的眼中已经有了完成品，我只是将多余的部分去掉而已。"

孩子也是如此。"皮革马利翁效应"就可以作用在孩子身上。孩子会按照我期待的那样、我信任的那样成长。请用"慢慢""等待""信任"对待孩子。

06 视孩子为所有物的父母

许多父母在孩子出生后，会产生"你是我生的，所以是我的"想法。将孩子视为所有物的父母的教育态度一般是独裁式、强迫式的。当孩子做错事时，他们总是大发雷霆。甚至还会因为孩子不按照自己的意愿行动或不顺从自己而体罚孩子。

在这样的父母养育之下长大的孩子一般有两种反应。一种是经常反抗，一种是萎缩、顺从。将孩子视为所有物的父母与孩子渴望独立的心理经常发生碰撞。如果比父母的力量强大，孩子肯定会拒绝父母。而且孩子总是在想，"什么时候父母才能有礼貌地对待我呢？"只把父母对自己的养育视作义务。在父母看来，自己所做的一切都是为了孩子，但实际上孩子并不领情。

小心谨慎的孩子在父母面前不会直接反抗，而是试图做出被动的反抗。为了反抗，他们会呼喊自己生病了，或者采用自虐的方式。例如，为了反抗重视学习，把孩子视为学习机器的父母，在考试时孩子可能会交白卷或者在答题纸上乱写一通，带着糟糕的成绩回家。如果父母强调运动，孩子会故意摔断腿。如果强调钢琴，孩子会弄伤手指。

而没有反抗、选择服从父母的孩子长大后也会按照父母的意愿行事。

马戏团的大象从小就被绳子捆住，怎么都弄不断。在驯兽师的训练下，大象直到长大都会认为自己无法割断身上的绳子。而从小被剥夺独立机会的孩子，长大后也会继续成为父母的所有物。

正信的爸爸很严肃，就算正信犯了小错误，他也会狠狠地训斥正信。爸爸从不听取正信的意见，更想正信按照他的想法做事，一点都不尊重正信。而正信一直表现得很顺从。在正信爸爸这样的教育下，正信学习很努力，最终成为一名医生。

但是成年后的正信仍然没有摆脱父母的掌控。他经常看别人的眼色做事。没有自信的态度使他的肩膀微曲。对别人的话他总是很敏感，认为他人无视自己。

正信决定结婚的时候，也因为尊重父母的意见没有结婚。大部分人在成年后会脱离父母。但正信的父母还并不认可正信的独立。现在的正信因为心理问题饱受痛苦。

这体现了不被父母视作独立个体的孩子长大后的境遇。把孩子视为所有物，按照自己的意愿"管理"孩子的人生，所以孩子没有对未来的展望，依赖父母，成为一个没有自己想做的事情，不会做出选择的优柔寡断的人。在学校，孩子经常面临选择。然而有些孩子面对选择会做出如下反应。

"今天的角色扮演游戏你想扮演哪个角色？"

"随便。"

"你想玩什么？"

"嗯，我也不知道，随便吧。"

父母包办了所有的"选择"，以至于孩子从没有过选择的经历。因此，孩子没有自己的意见，对选择感到恐惧，处于被动地位。父母有时候一天要夺走孩子十几次选择的机会，孩子在父母的选择下生活。穿父母买的衣服，去父母选择的辅导班。父母很少向孩子解释，总是命令孩子。最终孩子成了懦弱的没有主见的人。即使长大后也是优柔寡断，不敢挑战父母的权威，而且总是有挫败感，成为一个自卑的人。

最近有关孩子的电视节目备受瞩目。在《鲫鱼饼》《爸爸！我们去哪儿？》等节目中，孩子经常说出让大人都为之惊叹的话。在教室里也是。教室就是一个小社会。除了比成年人的社会有些幼稚、有些小以外，其他方面与成人的社会是一致的。上课时，我在教室里转了一圈。孩子们正在认真地答题。不过贞孝似乎在笔记本上写着什么。我看了一眼。

"我昨天晚上走进了你的内心。可是你的内心并没有我。"看到之后，我想原来是在写歌词啊。同时又想，"也许这是她自己创作的呢。"所以我问贞孝。

"贞孝啊，这是歌词吗？你自己写的？"

"老师，贞孝每天都写这个。"

她的好朋友代替脸变得通红的贞孝回答了我的问题。贞孝写的文章表露了她的内心。为爱烦恼的孩子，与成人没有区别。

"东骏啊，没关系。这没什么。今天我请你吃炒年糕，走吧。"

孩子为了安慰单元测评没考好的朋友，与大人为了安慰不高兴的同事所说的，"今天我请你喝酒"是不是一样的呢？为了让孩子自发维护班级卫生，我把卫生检查的事情交给了班长。有一天，一个孩子向我告状。"班长受贿了，所以让我们通过了卫生检查。"不过三年级，10岁不到的孩子，竟然会做出这样的事情。让我不由感叹，"孩子就是小大人啊。"

我们应该改变教育态度，信赖并尊重孩子。孩子作为独立的个体是"小大人"。他们已经懂事了。认同孩子的独立意味着认同孩子身上有着无限的可能和潜力。

而把孩子视为所有物的父母认为孩子无法做事，从而剥夺了他们独立的机会。观察孩子的一天，他们什么时候有自己选择的机会呢？上学、起床，甚至穿衣服，都不是孩子自己选择的。这种生活持续下去，会一直延伸到孩子的成年。成为大人的孩子会在他人，而不是自己的选择下被动地工作、买房、结婚，枯燥无味地生活下去。

人通过经历获得身体和心灵的成长。为了让孩子成熟，需要让他经历更多的失误和事情。如果真的爱孩子，就要让他经历风雨，从中体会、领悟并学到东西。如果想要培养自信的孩子，就应该放手让孩子自己去探索。回到家，孩子就从"小大人"重新变为了"小孩子"。我知道父母很爱孩子，但我们是不是把孩子保护得太好了呢？

尊重孩子的父母会选择当孩子遇到力所能及的事情时，把主导权交给孩子。这样可以帮助孩子尽可能多地接触事物。在第三章介绍的和孩子一起玩的活动并没有什么特别的。比如整理旅行包、做家务等，只不过是将这些一直由父母做的事情交给孩子。随着孩子能做的事情越来越多，独立性和自信心自然会得到提高。

尊重孩子的父母在孩子不顺从自己的时候不会发火。他们会采用"我一信息"的方式与孩子对话。

"敏智不做作业，妈妈好伤心。"

"敏智经常冲妈妈发脾气，妈妈也想发火呢。"

"我—信息"的对话方法能表达我的心情。使用这样的方法，孩子更能接受父母的话语。此外，这样的谈话还可以营造自由说出自己意见的气氛，让孩子学会如何与他人更好地进行对话。

在法国，生完孩子出院回家后，法国妈妈首先会抱着孩子为他介绍这个家的全貌。每次父母想要对孩子做什么事时，都会告诉他，"现在正抱着你呢""要洗澡澡啦"。这是将孩子视为独立的个体，尊重他的表现。

请尊重孩子，多给他选择的机会吧。经常做选择的孩子会具备领导能力。领导者意味着拥有许多选择权的位置。而选择权的种类和位置则由人们尊敬和认同的程度决定。不能独立做事、只会学习的孩子长大后，肯定不能成为领导者。孩子不是父母的所有物。如果父母不把孩子视为独立的个体，会让孩子成为"mama boy""papa girl"，使孩子变得不幸。

你希望孩子长大后会怎么回忆父母呢？是希望孩子回忆中的父母专制霸道，童年很无趣吗？孩子不是满足父母欲望的机器人。

Talk,Talk!

　　平时是怎样训斥孩子的呢?

_____

_____

_____

_____

_____

　　父母的想法与孩子的想法不一致时怎么办?

_____

_____

_____

_____

_____

　　所有的孩子都是世界上独一无二的生命。只不过每个孩子的特点不同。我们应该坚信孩子身上有着无限的潜力,尊重他,将选择权交还给他。请不要随心所欲地对待孩子。与其乱发脾气、乱发牢骚,不如与孩子进行心灵上的交流更好。请把选择权交还孩子,视其为独立的个体,尊重他,帮助他变得自律,让他主导自己的生活。

③ 尽量简短

唠叨和指责的话太长，反而会使孩子产生逆反心理。只要训斥到让孩子意识到自己做错了就可以。

④ 说话时要专注

下班的妈妈有时候一边洗碗，一边训斥玩了太多游戏的孩子。这样的训斥方式有用吗？父母应该和孩子面对面谈话，让孩子反省自己。

训斥的技巧

训斥也需要技巧。有的训斥会帮助孩子改正坏习惯，有的训斥会使孩子与父母之间的关系变差。

① 不指责孩子的性格和人格

父母有时候会在不经意间指责孩子的人格和性格。当孩子不小心打翻牛奶时，训斥他，"你怎么这么毛躁呢？"当孩子没有打扫房间时，训斥他，"你怎么这么懒呢？"这些都是伤害到孩子人格与性格的一种典型表现。

这样的训斥方式会使孩子对自己产生错误的认识，"啊，原来我是爱忘东西的孩子啊""我是没责任心的人""我是懒人""我是讨厌妈妈的人"。

② 根据情况训斥

只要不触及孩子的人格与性格，怎么说都可以。当然，要按照"实际情况"。

"房间好脏啊。"

"今天要做的作业还没做完。"

要克制自己的感情，尽量客观地描述情况。

07　孩子是皇帝，父母是臣子

　　现在许多家庭孩子很少，因此把孩子视为主人。把孩子当作小皇帝的家庭，从孩子出生开始就围着孩子转。吃什么菜、去哪儿吃都配合孩子的口味。为了送孩子与妻子出国，甚至出现了许多"留守爸爸"。

　　全某在某个大公司的计算机中心工作。由于能力突出，他从月薪500万韩元做起，到现在已经有数十亿韩元的家产。他为女儿们提供了最好的环境。从女儿们出生开始，他就买了最好的外国轿车。而且，每次放假，妻子都会带着女儿去西班牙等欧洲地区以及墨西哥、埃及等不同的地方旅游。在女儿上小学时，妻子还曾带着三个女儿去马来西亚学习了一年英语。读高二的大女儿说不喜欢在国内读高中，全某马上去打听留学机构，并高薪聘请了个人外教为女儿补习，把她送到加拿大留学。最近适应不了加拿大生活的女儿说要回国，全某又忙着为女儿回国做准备。为女儿们善后是他的责任。

　　在网上搜索并购买妻子和女儿想要的东西是他的爱好。不管是空调、沙发还是手机，他总会买最新、最贵的送给妻子和女儿。如果妻子和女儿说想去旅游，他就会为她们预定最好的酒店和行程。全某一次都没和孩子一起去国外旅游过。每次都是妻子带着女儿去。

他经常说，"除了让女儿们做她们想做的事情，我别无所求""让女儿们过上富足的生活是我的快乐"。而且，全某从来没对孩子大声叫喊和发过火。爸爸太宠爱女儿们，舍不得训斥她们，所以三个女儿都不把爸爸的话当回事。不过对女儿的这种态度他也很喜欢。

可是这种态度渐渐导致其他问题的出现。女儿们一旦不顺心就会大喊大叫，乱扔东西。只要不给她们买衣服，她们就会威胁父母说要跳楼。这时全某会跪下求孩子不要这样。小女儿一不高兴就会去揪爸爸的头发，冲爸爸发火。听到不想听的话，就会冲爸爸大喊。每次家人聚在一起时，身为丈夫的全某就会坐在客厅的一角只听她们说话。

这是 2013 年 5 月 8 日刊登在《周刊趋势》上的一个故事。全某过于溺爱女儿了。对女儿的溺爱不仅会毁掉父母的一生，也会毁掉女儿的一生。在溺爱中长大的孩子无法抑制自己的冲动，缺乏社会性。另外，很难专心地学习。

小时候一直被父母夸奖以后会成为了不起的人的孩子，长大后会发现事实并非如此。当孩子发现一直以为是自己坚强后盾的父母，有时候也有事情做不到，这让孩子会对父母产生不满。

父母把孩子当作小皇帝有许多种原因。有的是因为老来得子，有的是因为不知道怎么教育孩子，干脆就对孩子有求必应，有的是因为对孩子的愧疚感，还有的是因为太宠爱孩子了。

如果对孩子有求必应，而不教会他明辨是非，那么孩子很难融入集体中去。孩子从小生活在"自己的话就是真理"的环境中，因此很难对朋友妥协和让步。随心所欲的孩子不会受朋友的欢迎。而且遭遇挫折的时候，孩子会感到恼火。回家后把怒气发泄到父母身上。这就形成了恶性循环。

不告诉孩子是非对错，对孩子有求必应，会让孩子产生只要是自己想要的，用什么方法和手段得到都可以的想法。因此孩子可能会撒谎，甚至从别人那里抢夺喜欢的东西。

我们因为有需求而产生动机。当缺少什么时，我们就会树立目标，并为之努力。但小皇帝们物质富足，没有动机和目标。因此很难产生学习动力和胜负欲。

我在班级里实行了一人一职的制度，也就是每个孩子都有自己的责任和职务。例如：午餐值勤、拖地、擦地等事情。孩子在做这些事情的时候会逐渐认识到自己的责任，增强独立性，并且从中体会到劳动的快乐。不过，每个孩子做事的态度是不同的。有的孩子只要是自己的事情都会好好完成。有的孩子讨厌劳动，不知道怎么拖地，也不知道怎么洗抹布。

父母在家中也应该让孩子做事。例如让孩子自己打扫房间、自己擦桌子等。也可以给孩子零花钱，让他管理自己的小金库。有什么想要买的东西，不要轻易买给他，让他学会忍耐，以及有一定的经济观念。如果父母总是为孩子处理好一切事情，那么孩子将无法具备自立和独立的能力。

最理想的家庭不是以孩子为中心，而是以夫妻为中心。在夫妻关系融洽的家庭中长大的孩子有安全感。如果夫妻关系不好，就算两人再怎么为孩子做出牺牲，孩子也不会健康成长。为了孩子而做出牺牲，会让孩子把父母的牺牲视为理所当然。父母之间相互尊重，以父母为榜样的孩子也会尊重父母。再怎么宠爱孩子，也要明确什么是他需要遵守的礼仪，什么是他需要学习的。真正爱孩子的父母会培养孩子独立生活的能力。

Talk,Talk!

你是如何纠正孩子缺点的呢?

坐在饭桌前时,坐在沙发上时,是以谁为中心呢?

正确的教育是父母的义务。如果不把那些正确的教给孩子,那么孩子要从哪里学到这些知识呢?在家庭,孩子需要知道尊重父母,需要感受到父母的权威,扮演好孩子的角色。以孩子为中心的家庭就像是太阳绕着地球转。在你的家庭是日心说呢?还是地心说呢?

08   夫妻关系不和的父母

　　大早上的，一个孩子脸色很不好。上课似乎也无精打采的。我问他怎么了。他回答说爸爸妈妈打架了。孩子看到深爱的爸爸妈妈相互伤害，内心也会受伤。家里发生了烦心的事情，孩子在学校也难以专心听课。所以说才有"家和万事兴"这句话。

　　近年来，单亲家庭、只和爷爷奶奶一起生活的孩子正在增多。我并不是说这样不好。只不过孩子肯定会受到影响。有时候孩子的日记本里会突然出现妈妈的男朋友如何。当然，能不离婚、夫妻共同抚养孩子最好不过了。但是根据纽约罗切斯特中心的调查表明，经常爆发夫妻大战比离婚对孩子的影响更大。由此可知，频繁的夫妻争吵会对孩子精神上带来多大的冲击和压力。

　　珍雅的奶奶前来找我谈话。她一边流泪一边告诉我，珍雅的爸爸妈妈自从生下她后就开始吵架。最后珍雅的妈妈扔下她，离开了这个家。最近珍雅的妈妈传来了消息。突然出现的妈妈让珍雅心情很复杂。

　　珍雅是班里的模范生，成绩优异。不过最近几天上课的时候她经常走神，原来是这个原因。珍雅从来不对朋友们说自己的父母离婚了。她经常说，"妈妈在别的地方工作。"

虽然不知道珍雅的父母为什么争吵，为什么离婚，但珍雅受到很大的伤害是事实。没有和妈妈取得联系，也没法见面，这对想见妈妈的珍雅是多么大的痛苦呢？而且，孩子们总会把父母吵架和离婚认为是自己的错，所以珍雅隐瞒了父母离婚的事实。

夫妻陷入冷战的时候，相互看不顺眼，等待抓住对方的错误。因此，有时候会以孩子为理由爆发争吵。看到做错事的孩子，妈妈冲孩子大喊，"你怎么做不好呢？为什么要让妈妈烦心呢？"而爸爸则会责怪妈妈，"为什么冲孩子喊呢？"然后两个人吵起来。孩子则会认为父母吵架是自己的错，内心充满挫败感。也有的父母对孩子说，"你爸爸（妈妈）怎么这样呢？我怎么会跟这样的冤家结婚呢，如果不是生下你，我早就离婚了。"听到这样的话，孩子会认为，"我妨碍了父母的幸福啊。"因此变得忧郁和自责。

江南 Severance 医院精神健康学科与石定浩教授研究组以正在服用抗抑郁药物的 30 多岁的 26 名抑郁症患者（男性 7 名，女性 19 名）为对象，将其与同年龄层和性别的正常人进行了比较调查。结果显示，抑郁症的发病与"父母的争吵"有关。针对研究结果，石教授这么说道：

"一般人认为夫妻争吵不会对孩子的精神带来严重问题。而实际上夫妻争吵会给孩子造成巨大的精神创伤。因此当孩子出现注意力不集中、尿床、咬手指、抽动障碍、不想学习、身体疼痛、人际交往障碍等症状时，父母就应该考虑是不是因为频繁的争吵造成的。"

夫妻关系不和会提高孩子患抑郁症的概率。而且吵架后，父母经常对孩子说，"你爸爸……""你妈妈……"，指责对方。站在子女的角度，爸爸妈妈都是珍惜热爱的对象，因此有可能会陷入混乱。父母不能把孩子当作倾泻愤怒、缓解压力的对象。另外，在孩子眼中，总是看到父母的一方虐待另一方的话，孩子会产生"长大后我要报复"的想法。这样的想法可能导致孩子对世界怀抱恶意，以及可能导致孩子患上抑郁症。

孩子睡觉的时候会被父母吵架的声音所惊醒。再放低音量的吵架声孩子也能听到。这是为什么呢？美国俄勒冈大学的研究组以出生 6~12 个月的 20 个婴儿为对象，用磁共振影像观察睡眠时他们的大脑反应。睡眠中的孩子，在听到父母生气的声音时，负责调解感情与压力的大脑部位会变得活跃。特别是平时经常听到父母吵架的婴儿，反应更为强烈。研究组的组织者爱丽丝·格瑞埃姆博士提出，"认为子女在睡觉而进行争吵，同样会对子女的成长造成负面影响。"

对孩子来说，爸爸妈妈的关系与自己的生存直接相关。夫妻关系和睦，家庭和谐，孩子就会得到安全感，有被爱的感觉。如果爸爸妈妈之间经常吵架，孩子内心就会陷入恐惧、不安、紧张的状态。

在美国，即使不是对孩子身体上的伤害，而是语言上过度的伤害，也是对孩子的一种精神虐待。所以刚移民到美国的韩国夫妇们经常因为夫妻争吵受到警告。多么惭愧的事情。这和我们"家务事自己处理。夫妻争吵是夫妻问题"的想法有着很大的不同。通过这个例子，我们也可以看出夫妻争吵不仅仅是夫妻问题。

韩国女性政策研究院曾调查过夫妻争吵的原因。结果表明，"子女教育问题"排在"配偶的生活习惯"（16%）、"经济问题"（15%）之后，位于第三位（10.5%）。为了子女而进行的争吵，反而会对子女带来巨大的伤害。

夫妻再怎么因为相爱结婚，生活在一起也会发生矛盾。让孩子看到夫妻争吵也并不一定是坏事。当然这里指的争吵不是暴力的、高分贝的争吵。"正确的争吵"会让孩子从中学会解决矛盾的方法。因此当夫妻之间产生分歧时，最好让孩子看到自己用话语说明自己的想法，倾听对方的想法，然后达成共识的场景。

不正确的夫妻争吵最好不要让孩子看到。但万一被孩子看到或听到，就要及时找孩子谈话。"爸爸妈妈虽然相爱，但意见不一样才会这样。你和朋友意见不一致的时候不也会吵架吗？爸爸妈妈也是这样。"

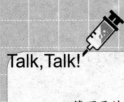

Talk, Talk!

回答下面的问题，反思自己与配偶间的相处。

夫妻争吵的主要原因及频率是？夫妻争吵的形式是？

在孩子面前吵过架吗？有的话，之后会采取什么措施？

请妻子和丈夫一起写出为了减少夫妻争吵可以做出的努力。

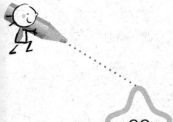

09　否定所有事情的父母

消极的人不管面对什么事都要寻找"一定会失败"的理由。他们总是忧心忡忡，感到悲观，并且列举不行的理由，试图说服他人。不过，他们自认为是中立的、有逻辑的人。

消极的父母会习惯性地对孩子说负面的话语，他们否定的、悲观的思考方式会影响到孩子。"不欠债的生活就不错了，松毛虫就该吃松叶。世界上确实有些事我们办不到。"这些话不仅给自己，同时给孩子蒙上了阴影。看电视和电影的时候，也是满腹怨言。看报纸的时候，他们的眼中只看得到消极、负面的新闻。对于艺人他们也是诸多贬低。他们只寻找负面、消极的东西，看不到正面的、值得学习的地方。

如果父母具有攻击性，那么孩子也有很大的可能具有攻击性。父母是酒精爱好者，那么孩子以后也有可能这样。同样，乐观、阳光的父母会养育出乐观、阳光的孩子，消极、悲观的父母会养育出消极、悲观的孩子。

为什么我们这么关心乐观主义呢？悲观主义批判地看待世界，也是一种生活态度，不是吗？马丁·塞利格曼通过30多年对悲观主义的研究，认为从三个方面可以得出悲观的人比乐观的人更加危险的结论。

第一点，消极的人更加忧郁。

第二点，在学校、家庭、运动等活动中，悲观的人所取得的成就低于他的实际能力。

第三点，消极的人的身体状况不如积极阳光的人。

马丁·塞利格曼认为最严重的问题是，如果从小就变得悲观，那么一辈子都将对挫折、失败无可奈何。

通过下面的一个研究我们就可以知道，积极性和负面性对孩子的未来会造成什么样的影响。赫尔辛基大学的心理学家艾罗宁教授向学生们展示了一幅漫画。上面画的是一个叫卡罗尔的普通女性在看电视的场景。漫画上还写有"卡罗尔记着还要写作业这件事"的说明。接着教授又把另一幅漫画给学生们看，上面是卡罗尔做完作业，将作业交给教授的场景，并且配有教授评价了她的作业的说明。然后艾罗宁教授问大家：

"各位认为卡罗尔是什么样的人呢？"

有些学生认为卡罗尔是一个为了写作业关掉电视的勤劳聪明的女性。同时认为她的作业获得了教授的好评。而有些学生给予了消极的评价。他们认为看电视的卡罗尔是一个懒女人，作业肯定也是只挑了简单的做。一幅不含任何感情的漫画，在有些学生的眼中是积极的，在有些学生的眼中是消极的。

艾罗宁教授对参与这次试验的学生在 5 年后进行了跟踪调查。那些消极评价卡罗尔的学生在大学毕业后无一例外都生活得十分不幸。其中有的没找到工作，有的工作不顺心，事业、家庭都不顺利。而那些积极评价卡罗尔的人呢？令人吃惊的是他们都生活得很幸福。你如何看待世界，你的人生就将如何开展。

父母应该让孩子对学习保持乐观，幸福地挑战人生。为了让孩子具备乐观主义态度，首先父母自身应该将悲观的思考方式变为乐观的。

马丁·塞利格曼建议，想要具备乐观的思维方式，预防抑郁症，可以改变对经历的事情的说明方式。

一般悲观的人相信导致坏事的原因是永久的。因为原因永远存在，坏事也将一直持续。与之相反，乐观、善于克服困难的人相信导致坏事的原因是一时的。下面是孩子们遇到坏事时对事情的说明方式。

永久的（悲观）	一时的（乐观）
刚刚转学到新学校，没人想和我做朋友	刚刚转学到新学校，想要交到好朋友可能要花一些时间
妈妈是世界上最挑剔的人	妈妈现在是世界上心情最不好的人
佑民讨厌我。总是这样。他下次肯定不和我一起玩儿了	今天佑民冲我发火了。所以今天他可能不想和我玩儿

如果孩子谈论到自己经历的失败或被排挤时，使用"一直""绝对"等单词，意味着孩子可能带有悲观的思维方式。而且从全部和部分的角度看失败的原因，可以了解其中的乐观态度。

全部的（悲观）	部分的（乐观）
老师们都不公平	李志勋老师有时候处事不公平
我不会运动	我对篮球特别没有自信
没有人喜欢我	珉静和我有些地方合不来

从全部的角度分析失败原因的孩子遇到小问题也会立刻全部放弃。而从部分的角度分析问题的孩子，就算对某件事没有信心，也会信心十足地

做其他事。

孩子从父母和老师身上学习说明问题的方式。因此，在训斥孩子时，不要用永久的、全面的说明方式，应该用一时的、部分的说明方式。让我们用"你今天没认真学习"代替"你太懒了"吧。另外，父母如何看待发生在自己身上的不幸，孩子也会随之模仿。所以当遭遇不好的事情时，父母不要用"我做的事经常这样。女性工作本来就很难"等永久性的解释方式。这会影响到孩子的人格。

40多岁的林肯就已经在8次选举中落选。爱迪生发明蓄电池的时候经历了5万次的失败。迈克尔·乔丹曾经有9000多次投篮未中、300多次比赛失败的经历，一生中无数次的失败成就了后来驰骋球场的他。取得伟大成就的人从来不会在黑暗中驻足，而是在黑暗中寻找光明，最终以失败为基础走向了成功。

如果认为我们面临的问题不可能被解决、我们永远做不好的话，就不会去付出努力和汗水。而且悲观的想法会提高患抑郁症的概率。因此，父母应该努力培养孩子乐观的思维，并且向孩子展示自己是如何战胜困难的。

让我们成为这样的父母吧：去餐馆吃饭人太多的时候，"越等越饿，等我们吃饭的时候会感到更好吃呢"；乘错地铁需要再坐回来的时候，"正好多做些运动呢"；对写作大赛上没得奖的孩子说，"为了准备这次比赛，你读了很多书，也学到了许多写文章的方法嘛。"这样的父母身上的"积极"和"游刃有余"能帮助孩子变得"乐观"，从而健康快乐地成长。

Talk,Talk!

　　当发生不好的事情时，我们采取的手段将决定事情的结果。想知道结果是否圆满，就有必要去了解（catch）我们的想法。同样的事情，如果我们思考和解释的方法不同，结果也会不同。

　　例如，妻子为过生日的丈夫准备了丰盛的晚餐。但是下班归来的丈夫表情却不那么愉快。这时，如果妻子认为，"丈夫总是这么不了解我的心意。今天也是。"那么双方有可能会因此发生争吵。但是如果妻子认为，"丈夫看起来很疲惫。可惜今天没有选对日子。"然后抚慰丈夫的内心，丈夫即使疲惫也会认真品尝妻子精心准备的晚餐。

　　不管发生什么样的事情，请把原因归结为一时的、具体的、外界的原因吧。当遇到挫折时，请使用一时的、部分的说明解释方式吧。

10　不能沟通的父母，能沟通的父母

人与人之间的问题是怎么产生的呢？来自于相互之间的不了解。当了解到对方的情况及性格，大部分人都会做到相互理解。父母与子女也是这样。父母与子女有互相不了解的地方，问题就会产生。

浩珉很清楚父母的情况，因为父母平时经常告诉浩珉。父母做了什么事情，家庭经济状况如何，最近在烦恼什么，浩珉都了如指掌。而浩珉也会告诉父母自己的事情。学校里发生了什么事情，自己有什么烦恼，浩珉都会与父母分享。他知道父母为了这个家有多辛苦，有多爱他，所以不想父母过多担心自己。他也能理解父母的繁忙，平时会自己看书学习。

亨真每次放学回家，父母都在忙着工作。虽然知道父母忙，但他很难理解这件事。"连关心我的时间都没有吗？"亨真为此特别生气，也变得不喜欢学习。玩游戏打发时间是亨真唯一的乐趣。父母也吃惊于亨真突然变得叛逆这件事，并认为是自己平时太少训斥他造成的，因此开始训斥他。

如果父母与子女之间感情亲密，就不会出现问题。感情亲密是因为相互信赖，相互理解。所有问题都源于"无知"，因此父母与子女应该多对话。

"原来我的孩子在学校遇到了这样的困难。原来孩子和朋友出现了这样的问题。原来去辅导班,孩子这么累啊。孩子自尊心很强,这一点很像我啊。孩子原来喜欢做东西啊。"

"原来爸爸上小学的时候也有学不会的东西。爸爸虽然忙,但他也想和我在一起啊。爸爸上班的时候也有许多烦恼啊。"

多对话让父母了解到孩子的烦恼、性格及才能。而孩子也能理解父母。育儿是一个相互了解、相互学习的过程。

父母与孩子之间有一条无形的脐带。孩子从出生开始会经历两次脐带的脱落。一次是刚出生时,身体的脐带脱落。一次是结婚独立后精神脐带的脱落。然而有一种超自然的脐带会一直存在。如果彼此心意相通,脐带中就会流淌着爱的营养。如果脐带中充满误解与不信任,那么爱就会被堵塞。为了让爱顺利流淌,需要父母与孩子真正的沟通。想要实现沟通,就要学会"倾听、共鸣、一起"。

想要打开孩子的心灵之门,父母就不应该只是说,而要学会倾听。试着写下我们一天中对孩子所说的话吧。是不是大部分都是指示、训斥的话语呢?许多父母认为自己在对话,实际上只是在命令。

有的人经常接到朋友的电话。这样的人善于倾听,所以朋友们都想找他说话。所以说,如果父母用心倾听的话,孩子就会真实地吐露自己的内心。孩子之所以紧闭嘴巴,是因为过去孩子想要倾诉的时候,父母没有做到倾听。

班里有的孩子不管做什么事都充满了不满。上完有趣的游戏课后,我问大家,"大家玩得开心吗?"大部分孩子都回答,"好玩。"然而有个孩子回答"不好玩"。对于这个经常破坏气氛的孩子,我很生气,于是狠狠教训了他一番。第二天开始，他再没说"不好玩"，不过他一直紧闭嘴巴不说话。看来虽然嘴上不说，但心里还是感觉不好玩。有一天，我把他叫过来谈话。

"贤燮啊，最近在学校过得怎么样？"

"不怎么样。"

"不怎么样啊。"

"嗯。"

"最近有什么特别烦恼的事情吗？"

"没有。"

"没什么烦恼啊。班里有什么有趣的事情发生吗？"

"唔，没有。"

第一次对话就这样结束了。还没敞开心扉的孩子对对话不怎么感兴趣。不过我尝试了许多次。当贤燮想要说些什么时，我会做出倾听的姿态。眼睛与他对视，不时地点头。并且说，"原来是这样啊。"之后他开始频繁地找我对话。这个时期贤燮说的话变多了，并且说了许多积极的、支持我的话。

如果孩子没有敞开心扉，父母就要做出努力。与孩子连接有无形脐带的父母比我这个老师更占优势。对话不需要太多的技巧。唯一需要的是"倾听和共鸣"。对于孩子的话，更让他感到安慰的不是指示、建议，而是"不时地点头"。与父母共鸣的瞬间，孩子会生出自信，而且想对父母说更多的话。

"能沟通的父母"不是指和孩子没有代沟，而是和孩子像朋友一样相处。请尽量多和孩子相处吧。和孩子真正的沟通伴随有身体的接触，以及双方的共鸣。父母与孩子共有的经历越多，就越能够沟通。如果孩子感到父母的爱，就会想向父母展示自己好的一面，那么大部分的教育问题就会迎刃而解。请成为能沟通的父母吧。

Talk, Talk!

今天我对孩子说过什么话？

_____

_____

_____

_____

_____

_____

_____

_____

_____

_____

　　请回顾今天一天对孩子所说的话吧。孩子说话时，我们是不是一边觉得不可能，一边全部说"哦"。请仔细倾听孩子的话吧。不要总发起指责和指示孩子的对话，经常和孩子进行相互沟通的对话吧。

　　请和孩子讨论他遇到了哪些困难，他做什么的时候最幸福吧。如果我能与孩子分享触及心灵的对话，那我就是能够和孩子沟通的父母。

11　好妈妈情结

　　抚养孩子的时候，我们会扪心自问，"我是好妈妈吗？"许多妈妈经常担心自己不是一个称职的母亲。之所以对自己评价过低，认为自己不称职，是因为我们的"好妈妈情结"。带有"好妈妈情结"的父母把孩子身上出现的所有问题都归咎到自己身上。孩子生病、因出事故受伤、成绩不好，都认为是自己的责任。

　　石浩家是双职工家庭。爸爸妈妈都在公司上班，忙于工作，所以教育他这件事几乎都由他的奶奶负责。有一天，石浩在学校和朋友发生了争吵。老师联系了石浩的妈妈。接到电话的石浩妈妈，马上请假来到学校。与老师谈话的时候，她提到都是自己忙于工作，没照顾好孩子才会发生这种事情，并且不由自主地哭了起来。

　　石浩在学校表现很好。和朋友相处也很好。在学校和朋友发生矛盾是很平常的一件事。但石浩妈妈平时因为上班没有精力照顾石浩，内心充满自责，因此才会对这件事表现得十分敏感，把自己当作罪人。

　　在职妈妈一般都对孩子有很深的愧疚感。把哭泣的孩子送到幼儿园的时候，妈妈的内心也很痛苦。当孩子生病时，妈妈会认为都是自己的错。妈妈应该时刻都和孩子在一起，但因为做不到，所以妈妈内心充满内疚。她们认为自己因为不是全职妈妈，所以对孩子的了解也不多。并且认为由于没有自己的帮助，所以孩子才交不到更多的朋友。

全职妈妈也有"好妈妈情结"。她们不用去上班，所以想把生活变得更加完美，特别想要扮演好妈妈这个角色。孩子吃的东西一定是在家里做的，家必须时时刻刻干净整洁。

未婚妈妈和离婚后的单身妈妈也因为孩子没有爸爸，而一直对孩子心怀愧疚。

这样的负罪感可能会体现在对孩子的溺爱上。因为负罪感，所以对孩子有求必应，为了成为好妈妈而付出所有。怎么做都觉得不够好，虽然在别人看来这已经是一种牺牲。因为"好妈妈情结"而牺牲自己，妈妈的负罪感会转移到孩子身上。妈妈因负罪感而对孩子好这件事，孩子也会察觉到。看到妈妈过度劳累的样子，孩子会变得不安。妈妈过多的长期的牺牲，反而会成为孩子的负担。看到这样的妈妈，孩子会产生要好好对父母的责任感。

那么妈妈们的负罪感是从何而来呢？为什么会有好妈妈情结呢？负罪感的产生与传统教育的影响有着很大关联。传统教育中妈妈负责养儿育女，家庭的和睦及养育的责任都需要妈妈来承担。"不能只想我自己""为了家人牺牲才是对的""应该先考虑孩子和丈夫"等这样的观念使妈妈有强烈的负罪感。

另外，在育儿过程中，母亲压抑了自己的欲求，身体过度劳累，所以有时候会对孩子和丈夫发脾气，之后内心又会产生负罪感。

负罪感是一种主观意识。没人能去评判一个母亲是"好妈妈"还是"坏妈妈"。认为自己是坏妈妈、不称职的妈妈，是因为把责任看得过重，自信心不足，过低评价自己造成的。

精神分析学家温尼科特博士认为，孩子需要的不是完美的妈妈，而是"适当好的妈妈"。在育儿过程中，为了做到完美而疲惫不堪的父母有时会忍不住冲孩子发火。与这样的父母相比，不过分追求完美，与孩子一起欢笑的做法更好。这样不仅对孩子好，对妈妈也有好处。"适当好的妈妈"知道孩子需要什么，并做出合适的反应。与负罪感相比，妈妈们的责任意识更强。她们知道，对孩子所发生的问题负有责任，但对孩子的所有问题不能承担责任。这样的妈妈正视自己的错误，知道自己不完美。

妈妈不幸福，孩子也会产生负罪感。因为孩子知道妈妈这么劳累是为了自己。孩子会认为自己是毫无价值的存在。妈妈生活得幸福，孩子也会真正爱自己，这样孩子才有能力爱他人和尊重他人。

看到父母幸福的样子，孩子也会产生走进父母生活的想法。爸爸妈妈正在开心地交谈，孩子也会想要加入交谈。看到父母吃晚饭，孩子也会产生吃饭的想法。看到爸爸妈妈努力工作的样子，孩子也会产生长大后像爸爸妈妈一样努力工作的想法，所以也会去认真地学习。幸福的父母打造幸福的孩子。

《比较的妈妈，等待的妈妈》一书中提到成为幸福的妈妈有以下三个方法。

第一，没有比自己更珍贵的人。在养育孩子的过程中，在产生被疏远和空虚感之前，应寻找到自己的爱好并照顾好自己。

第二，抛掉对孩子的过度关心。

第三，和丈夫共同养育孩子。

孩子不会因为妈妈给自己做好吃的饭菜、送自己去条件好的辅导班就认为妈妈是好妈妈。也不盼望完美的妈妈。因为是"妈妈"所以"就是"喜欢。我们没有必要因为不是好妈妈而自责。请找到自己对孩子不错的地方，称赞自己吧。妈妈这个身份，足以让你得到称赞得到爱。

Talk,Talk!

　　我今天有哪些事会受到称赞呢？有哪些需要感谢的事情呢？

　　请称赞自己是一个好妈妈、很优秀、做得好吧。这样可以提高自信，只有爱自己，才能爱他人。

12 保持中庸的父母

"中庸"指的是不向任何一方倾斜的状态。对所有事保持"中庸"的态度能让人变得贤明，做出正确的决定。养育孩子时也是如此。不能保持中庸就会产生问题。在前几章我们看到的父母，都是无法保持中庸，所以导致了问题的出现。父母会把"不负责任"和"放任自流"当作是一种自律，把"过度干涉"和"过度保护"误认为是爱。

| 不负责任、放任自流 | 自律，民主，教育，权威，选择 | 干涉，独裁，过度教育 |

我刚担任班主任时，曾梦想当一个朋友似的老师。我决心做一个对学生宽容的老师。当孩子做错时，我很少训斥，因为他们还是孩子。但孩子越来越"无理"。我认为给了孩子自由，但孩子认为老师不关心自己。偶然有一次我听到了班里的孩子和隔壁班孩子的对话。

"你们老师看起来不可怕吗？"

"嗯。因为是女老师，所以不怎么训我们。我们想做什么就做什么。"

令我吃惊的是，这是小学三年级孩子的对话。我受到了当头一棒。当孩子们意识到"原来这么做不会挨骂啊"时，会自动扩大被许可的范围。而孩子过分淘气的举动，责任最终归结在我这个班主任身上。其他孩子看到了也会产生"为什么大家这么做老师都不管呢？"的疑问，有时会直接向老师提议"老师，您要管一管。"

从那之后我开始像抓老鼠一样抓孩子们。彻底检查作业，学生态度稍微不好就把他当作典型。有的孩子因此感觉到很害怕，也有的孩子感觉我很烦人。这样看来，似乎孩子们比之前有序多了。但实际上，以前课间休息时间跑到我面前叽叽喳喳的孩子不见了。孩子们之间发生矛盾也不再告诉我，教室里比以前更加混乱。

我很矛盾，开始关注隔壁班的情况。隔壁班的老师教学经验丰富，一直和孩子在教室里互动。他总是让孩子们明确他们应该遵守的规则，对待孩子的态度始终如一。除了特殊情况，他对待孩子们基本一视同仁，而且经常和孩子们谈话，讲有趣的故事。有时候孩子们犯了错，应该被训斥的时候，他会给予教导。受到教导的孩子不会郁闷，反而一副舒心的表情。升入高年级的时候，孩子们都会想念这位老师。给孩子过多的自由不算什么本事。"自由"的价值只有在"管制"下才能闪耀光芒。

有些人会怀念独裁政权的时期，因为适当的压制能给人归属感和安全感。绝对的自由会带来负面影响。父母太放任孩子的话，孩子会这样认为，"没有人关心我，看来我一点都不重要。真希望能有人关心我。"因此贬低自己。

父母应该对孩子的行为有禁止，也有许可。过分的压迫会让孩子感到窒息。孩子会因为关闭心窗，只要看到父母或老师，就为了不被训斥而行动。在无数次的教学经历中，我意识到，"中庸"的态度应该是最好的。但许多父母却并没有像我一样意识到这个事实。

"有些父母将给予孩子选择的自由与放任自流相混淆。我们可以给孩子选择的自由，却不能对他们放任自流。也就是说，父母不能抱有'不管做什么都按照你自己的意思去做'的想法。父母的责任应该是多给孩子可以选择的机会，告诉孩子每条路的优缺点。请让子女自己做出选择。让他们对自己的选择负责。"

这是高丽大学心理学专业南吉春教授的一段话。他希望孩子学习。但他的女儿却说要进入翰林演艺艺术高等学校的模特系，不想去大学。理由很简单。女儿想要的学习不是学校的学习，而是模特学习和人生学习。

对此他虽然十分担心，但没有否定女儿，而是为了实现女儿的梦想提供了帮助。他请教了许多朋友，开始认识时尚模特的世界。然后采取了支持女儿的选择的方式，和女儿一起探索未来的发展。不负责任的放任自流不是自律。因为情绪问题放任孩子的父母，他们的孩子会出现各种问题。

过度保护孩子也是问题。之前提到的有好妈妈情结的父母，把孩子当作小皇帝的父母，不把孩子当作单独个体的父母，都是为了把孩子培养成自己想象中的样子而干涉和压迫孩子，导致了问题的出现。

"中庸的父母"总是在孩子需要父母的时候站出来，为他们提供建议和教育，并在尊重孩子的同时，又带有身为父母的权威。只有中庸的态度，才能培养孩子的责任心和独立性，让孩子健康成长。

为了做好中庸的心理准备，父母应该具备卓越的感情调节能力，并且守护在孩子身边，关心孩子，察觉孩子什么时候需要帮助。当判断孩子可以独立去做的时候，给予他机会；认为需要父母出面时，就及时给予帮助。中庸的态度需要成熟的人格，所以这也是父母人格成长的机会，能给予孩子真正的爱。

Talk, Talk!

　　了解孩子什么时候需要父母至关重要。父母应该知道什么时候应该出面，什么时候不需要出面。要怎么知道呢？关心孩子就可以。

　　过度保护并不是真正的关心。因为这意味着父母没有意识到孩子正在失去独立能力。孩子不是只通过人生主观上的考试就可以长大。有时候也需要有选项的客观条件考试。而可以提供选项的人就是父母。

　　你了解你的孩子吗？你为孩子提供过适当的人生选项吗？请观察孩子，回答这个问题。

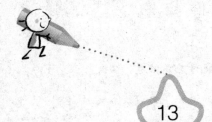

13　握有幸福钥匙的父母

　　现代社会发展飞快，日新月异，我们很难预料到孩子长大后会遭遇哪些困难。我们现在的问题一般是情绪上的问题。被排挤、校园暴力、因成绩差而自杀、与父母的矛盾、离家出走等问题，早已屡见不鲜。

　　再加上现在的教育制度真的是只要成绩好就能保证考上名牌大学吗？大学入学考试每隔几年就换套新形式，每年只有一次的考试机会，只能靠着一次的考试成绩来决定去哪个大学。看看大学入学成绩就可以知道，考入排名第一大学的孩子，与考入排名第三大学的孩子，成绩相差并不多。

　　考上好的大学后，一切就结束了吗？没有，为了毕业后进入有实力的公司，孩子们还要积累经验，在竞争中脱颖而出。各种竞赛、外语研修、资格证、公考认证书考试等。准备考试的时候，我们不知道这是否只是浪费时间，是否能让孩子顺利进入理想的公司。进入理想的公司以后呢？为了生存，孩子们会像奴隶一样为公司做事。

　　如果这些是自己的梦想，那么不管是积累经验、准备考试还是职场生活，都会有一种幸福感。如果拼命进入好的公司后，只是一时的开心，视公司为军队，那么孩子们只会在周日的晚上看《寻笑人》的时候才会露出笑容，在其余时间则不得不面对冰冷的现实。

孩子长大成人后遇到的困难不只是这些。因为也许失败会悄然而至，也许哪一天孩子会经历人际关系上的失望，也许哪一天会经历考验。然而，未读懂时代变化的父母们在为把孩子打造成为只会学习的傻瓜而高兴。如果只是追逐智力的能力，最终会被时代所抛弃。在这个日新月异的社会上，孩子真正需要的是能在任何地方、任何时间发芽成长的强大内心。

许多人把"幸福"作为人生的目标。希望能够幸福地生活，也希望孩子有一个幸福的生活。那么我们所期盼的幸福是怎样实现的呢？这个是可以用数字表现出来吗？我曾思考过是否有决定幸福的公式。然后制作了我认为的公式，将其应用在我的生活中。

决定幸福的心灵公式

$$（幸福）＝（内部因素）×（外部因素）$$

内部因素	外部因素
自尊	自身所处的环境
乐观	人际关系
恢复能力	
实践能力	
感恩的心	
梦想	

幸福由内部因素和外部因素共同决定。内部因素强调的是"心灵的力量"。外部因素是除自己以外的东西，例如，我们自身所处的环境以及与他人的关系。

有的人通过内部因素影响外部因素。也有的人的内部因素被外部因素所控制。只要自身利益稍受损失就发火，不能调节感情的人；遇到困难和挫折就放弃的人；与朋友相处不顺，就认为自己没有价值的人，等等；都属于后者。

外部因素可以变换。环境有好的时候也有坏的时候。不管外部因素的变化，只要内部因素健康强大，那么幸福的价值就不会改变。社会的稳定会导致外部因素的变化，因此我们应该培养孩子强大的内部因素。

只"关注"孩子的成绩，让孩子考入好的大学，找到好的工作，只是强调了上面公式中的外部因素。然而现代社会哪里还有铁饭碗，又有谁能预料到下一刻会发生什么事情？付出所有得到的外部条件只是一时的，只有增强内部因素的力量才能保证一辈子的幸福，不是吗？

下面是我们班的两个孩子考完试，成绩出来后的反应。

A：考了95分，哭着撕掉了试卷。

B：考了80分，一边说"妈妈说我以后会成为伟人"，一边把试卷放进了书包。

那么将来谁会成为伟大的人呢？孩子A的父母因为眼前的成绩而给孩子很大的压力。而孩子B的父母给了孩子信任的力量。因此孩子B认为自己会成为"伟人"，并不因一次考试受挫而气馁。

那么决定幸福的内部因素，即内心的力量是什么呢？在这里，我认为有六把能打开幸福的钥匙，那就是自尊、乐观、恢复能力、实践能力、感恩的心和梦想。自尊是自己爱自己的心。乐观是积极面对现在和未来的态度。恢复能力是遇到困难时，能够克服困难并通过困难获得成长的能力。实践能力是把梦想实现的引擎。感恩是让幸福加倍的力量。最后是能引导我们朝向更高、更好未来的梦想。只要心怀梦想，就算现在遇到困难，也会为了未来而努力。这六把钥匙决定了孩子的幸福。

那么幸福公式的内部因素数值如何确定呢？我的结论是没法确定。内部因素的价值在于六把钥匙的大小。六把钥匙中孩子具备哪几把，这几把钥匙的大小只有确定了，才能确定内部因素的大小。而这个是因人而异的。因此数值应该由孩子个人的情况决定。

如何培养孩子"心灵的力量"呢？首先，父母应该努力拥有这六把钥匙。看到父母流露出的幸福、积极生活的样子，孩子才能产生想要幸福生活的动机。

孩子感到父母的爱时，就会产生自尊。多给孩子选择和体验的机会，能培养孩子的实践能力和独立能力。引导孩子自己做事，经历考验，能培养孩子的恢复能力。为了成为幸福的人，我们应该习惯说这些话，"好幸福，有信心，我爱你，开心，健康，兴奋，有力量，信任。"这些话能为我们的生活注入活力，让我们对每件事都心怀感恩。让孩子产生积极阳光的想法，经常称赞他，能培养孩子的乐观心理。这样孩子也会产生自己的梦想。

保证孩子与父母在一起的质量，也可以提高内部因素的价值。当孩子需要父母时，陪同他的短短几个小时，能有效提高他的情绪学习。不要成为为了提高孩子的外部因素而进行先行学习和早期教育的父母，成为培养孩子心灵力量的父母吧。也就是，不要成为家长，而是成为父母。

　　在这个看不到尽头的跑步比赛中，不要把孩子培养成短跑选手，让孩子成为长跑选手吧。希望各位能让孩子从自己身边独立，茁壮、健康地成长。

Talk,Talk!

父母是能够让孩子学会珍惜自己的最具影响力的人生导师。为了孩子的幸福，为了让孩子不因他人，而因自己去生活，请培养孩子心灵的力量，而不是知识的力量。拥有强大内心的孩子是幸福的，而且无论做什么事都会取得成功。与其打造成绩好的孩子，不如打造拥有强大心灵、不畏困难的孩子。请让孩子拥有自尊、乐观、恢复能力、实践能力、感恩的心和梦想这六把幸福的钥匙。

除此之外，请思考孩子人生中有什么是必需的，拥有这些需要父母做些什么。

不要认为和孩子在一起没有可玩的游戏。只要陪在孩子身边，所做的所有都是游戏。

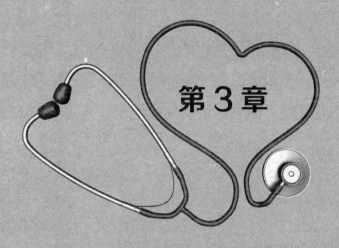

第3章

与孩子沟通的处方笺

第1篇　情绪游戏

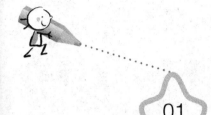

01　坦率表达内心

相互沉默的结果是误会重重。于是父母与子女都会对对方感到不满。父母处于强势地位，所以他们能直接教育孩子，消除不满。但孩子很多时候不敢向父母表达自己的不满。下课休息时间，孩子们叽叽喳喳说话的时候，经常会向朋友吐露对父母的不满。

"明明是弟弟错了，妈妈只骂我。"

"我妈妈在我生病的时候还让我去辅导班。"

为什么会出现这种现象呢？因为在家里孩子很难说出这些话。有可能会因为说错话，被训斥得更加厉害。家庭是相互支持、能够抚慰疲惫内心的地方。支持和抚慰通过对话实现。只有在家庭中营造轻松对话的氛围，孩子才会感觉到家庭是温暖的地方。

效果：父母与孩子的纽带感，情商，表达能力

真实对话

准备物品：蜡烛、毯子

和家人一起共享真实对话的时间。在周六的晚上，家人围坐在一起，盖上毯子，中间点上蜡烛。将平时藏在心里的话吐露出来。

邮筒

准备物品：邮筒（纸箱子）

可以在家安装一个邮筒。现在的商店十分重视顾客的反馈。一般的商店都准备了可以写下客人赞语和意见的本子。在网络上也有相关的渠道倾听顾客的声音。我们在家里也准备一个有类似功能的邮筒吧。可以将想说的话、不满的地方、希望对方改正的地方、感到郁闷的地方写下来。最好指定一位家庭邮递员。每周一的时候由家庭邮递员打开邮筒，把信件送到家人手中。

便利贴谈话

准备物品：便利贴、木板、圆珠笔

如果感觉邮筒过于复杂，可以进行便利贴式的谈话。把便利贴、木板和圆珠笔放在客厅。把自己想说的话写在便利贴上，贴在木板上。

交换日记

准备物品：笔记本、书写用具

在我小时候有一种日记很流行，那就是"交换日记"。亲密的朋友之间相互交换日记，把想说的话写在日记上。当时，如果不是其中的一员，是不允许看日记里边的内容的。每次到了交换日记的那天，我都会激动地想知道朋友在里边写了什么内容。

我曾经见到过母亲的日记。我看到了日记里母亲对弟弟高考时间日渐来临的担心，期望今年家人顺利健康的愿望。"原来妈妈是这么担心我们"，于是我内心对母亲的不满消失了。没有什么比文字更加真实了。交换日记可以相互表达自己的内心。

写交换日记的方法有许多种。可以按照天数交换，也可以把交换的日记本放在书橱里，想写的时候就拿出来。家庭成员中如果有人写了新日记，应该标示出来。例如，在日记本的封皮上贴一张红色便利贴，以表示日记里有新的内容。

对于很难有时间与孩子在一起的在职妈妈，不太会表达内心的沉默的爸爸，交换日记是一个与孩子沟通的好方法。

但是交换日记里不要写对于孩子的训斥和评价。父母在日记里写教育性的内容，会使孩子厌恶写日记。如果孩子的爸爸不想写日记，可以从维护家庭关系、有助于孩子写作能力的提高等方面说服他。

家庭 SNS

准备物品：手机或电脑

在聊天软件中建一个家庭群，上传家庭照片。也可以开一个家庭博客或论坛。

　　家人之间是最亲密的关系。但我们每个人都有放在内心、不能说出口的话语。因为关系亲密，所以有可能因为亲人的一句话而受到伤害。

　　一个孩子在交换日记中这样写道："爸爸妈妈，这次单元考试我比上次考得差很多，我会努力的。"爸爸妈妈在日记里支持他道："嗯，我们相信你，儿子。"孩子既对父母心怀歉意，又后悔自己之前没有努力。

　　妈妈在交换日记中写道："上次儿子对妈妈生气的时候，妈妈好伤心啊。"孩子什么话都没说。但是这一天他一直对妈妈微笑。

　　还有许多坦率表达内心的方法。如果小时候家人之间可以无话不谈，那么孩子就会得到心理上的满足，即使到了青春期，也不会同父母断绝心灵的交流。

02　实现梦想的魔术套餐

　　梦想！多么令人心动的词。人一直为梦想而活。"想要成为什么样的人，想要拥有什么"，为了遇见更好的我，现在的我变得更加充实。

　　有梦想的孩子与没有梦想的孩子，光看脸上的神采就不一样。我们学校的"足球部"十分有名。对学习没有兴趣的孩子加入足球部后，脸上的表情会变得很不一样。对于"长大后想干什么？"的问题，他们会自信地回答，"成为足球选手"。虽然不知道这些孩子长大后是否都会像朴智星一样优秀，但他们再也不是教室里没有梦想的孩子了。他们积极参加所有活动，对朋友、对老师都表现出了强大的自信，就像盛开中的花朵一样美丽。

　　有梦想的孩子会逐渐向梦想靠近。这与孩子现在处于哪种状况、现在实力如何无关。对梦想坚信不疑的话，周围的环境也会变得有助于实现梦想。当询问孩子梦想是什么时，孩子很难充满自信地说出答案。因为即便有梦想，他们也害怕难以实现，或者害怕别人的嘲笑，不敢说出梦想。我们有必要培养孩子的"信任"和"自信心"。如果孩子梦想成为"总统"，就要有气势如虹的士气。如果梦想真的是自己想要的，孩子会为了实现它而努力改变自己。

如果孩子没有梦想，我们就要帮助他寻找到梦想。有时候孩子在看电视或者看书的过程中，就会产生梦想。我们不知道梦想什么时候会到来。告诉孩子能够幸福地做事有多么重要，告诉孩子人生大部分的时间都在忙碌，其中能做自己喜欢的事情有多么幸福吧。并且当孩子有了梦想时，让他认为自己一定会成功的。

让孩子明确梦想的方法有许多种。作家李志成的《梦想的阁楼》一书中，介绍了各种 VD（Vivid Dream，清晰的梦想）方法。大家可以参考这些方法。

效果：积极向上的态度，走向现实的梦想，自豪

写梦想笔记

准备物品：笔记本、书写用具

制作梦想笔记，让孩子写下自己的梦想。不一定是未来的希望，也可以是自己想拥有的东西，想要生活的家。尽量让孩子写得详细，并且让他认为自己已经实现了。

梦想名片

准备物品：厚纸、记号笔、彩色铅笔等装饰名片的材料

名片上有未来我的职业、我的家庭住宅、座右铭等，然后贴上孩子的照片，制成实际名片一般大小。制作名片之前需要认真地思考。

梦想派对

准备物品：梦想、梦想已经实现的想象（派对用品、茶果点心、能表

现未来样子的一些装饰品）

梦想派对中要以未来的我的样子、我希望的样子参与进来。参加派对的所有人都要像梦想已经实现一样对待对方。不要因为是大人就没有了梦想。梦想可以是换辆车、住进大房子、升职、离职，等等。如果父母认为自己没有梦想，会让孩子认为长大后梦想就会消失。当我告诉孩子，"老师也有梦想"的时候，他们都很吃惊。父母也应该让孩子看到为梦想而努力的自己。

开梦想派对，会让孩子有一种"我的梦想真的实现了"的感觉。开派对时，绝对不要害羞，要理直气壮地互相庆祝。如果只是家人之间开派对，人数可能太少。也可以多找几个志趣相投的亲人参加派对。穿上与梦想有关的衣服和装饰品效果更好。

梦想照片墙

准备物品：软木板、自己的照片、自己想要拥有的物品、与梦想有关的照片

准备一张软木板。确定好题目贴在上面。例如，"善浩的梦想照片墙""敏智的梦想地图"等。在照片墙的中央贴上自己的照片。周围贴上有关梦想的照片或图画。如果有了新的梦想，继续在上面添加。把它挂在家里最容易看到的地方。每个家庭成员都可以参加，这有助于梦想的实现。

大人们也有梦想。

"听说这次你买了辆奔驰？感觉怎么样？花了多少钱？"

"听说你这次美国出差收获颇多呢。"

"听说你最近出版了一本新书呢。"

请参与梦想派对，称赞对方梦想的实现吧。并在纸上写下梦想，制作梦想名片，把照片贴在木板上。你就会像梦想的那样成长。

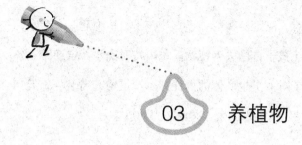

03　养植物

有位老师在学期伊始，会和孩子们一起做一件事。那就是在空塑料瓶中装上土。虽然学校位于首尔市区，但到处走走，总能寻找到能放进瓶子里的土。然后他把养植物作为作业布置给孩子们。每个花盆上都贴有每个学生的名字。孩子们每天给植物浇水。因为上面写有自己的名字，所以他们对这些植物十分用心。

亲近大自然不是件难事。打开耳朵、睁开眼睛就能听到大自然的声音，看到大自然的多彩。早晨可以听到鸟叫声，季节变化的时候可以观察到不同颜色的花朵。也可以悠闲地仰望蔚蓝的天空。养植物是把大自然的一部分带到了身边。

效果：责任感，共情能力，感情移入能力，想象力，观察力

养植物

准备物品：花盆、植物种子或幼苗、名字标签

养植物的全过程都要发挥孩子的主动性。花盆的种类由孩子自己选择。植物的种类可以是种子，可以是水生植物，也可以是幼苗。也可以是已经种有植物的花盆。孩子可以与家长一起通过上网或看书查找资料，了解植

物养育时会遇到哪些困难，决定植物的种类。让孩子给植物起一个名字，经常和植物对话。然后让孩子自己去养植物。每天按时浇水，定期搬到外面或搬到室内，培养孩子对一个生命体的责任感。给植物起名字，每天和植物对话，会培养孩子的感情植入能力、共情能力和想象力。

写观察日记

准备物品：笔记本、书写用具

也可以写观察日记。科学日的时候学校会开植物观察大赛。参赛者可以选择观察教室里的盆栽，也可以观察学校操场的青草或绿树，然后把植物画出来，写下自己所了解的该植物，以及感受。对同一株植物，孩子们观察得出的结论也不相同。观察是所有创意力的源泉。引导孩子在家里养植物，并经常观察植物。通过写观察日记可以提高孩子的观察力，培养孩子对大自然的浓厚兴趣。

"积极的语言"实验

准备物品：两盆相同的植物

某个科学家曾做过这样一个实验：有两盆植物，他每天和植物对话。他对其中一盆植物每天说积极、正面的话。"你真漂亮。长得茂盛苗壮。"然后对另一盆植物每天说否定、负面的话。"你这个丑陋的植物。你怎么这么让我心烦呢？每天都要给你浇水，真快烦死了。"过了一段时间后，每天"听"积极话语的植物长得十分旺盛，还开出了漂亮的花朵。而另一盆植物渐渐变得枯萎。可以告诉孩子们这个故事，让他们了解到积极正面话语的重要性。也可以和孩子们一起做这个实验。

阳台菜地

准备物品：泡沫塑料箱子、幼苗

现在在阳台开辟菜地的人越来越多。即使没有真正的田地和菜地，也可以在阳台上亲手种植蔬菜吃。新手最好从"幼苗"开始种起，特别是可以种植很久的白菜。和孩子们一起种植蔬菜，可以改掉孩子不爱吃蔬菜的习惯。

老师笔记

　　养植物需要付出许多心血，需要许多的努力。请这样对孩子说吧：

　　"养植物需要按时浇水、施肥。还要让它晒太阳。不能对它说坏话。用心养植物，会开出漂亮的花朵。植物就像你一样，你要像珍惜自己一样珍视植物。给植物浇水、施肥就像我称赞你和读书给你听一样。只要努力就会有收获，这样你以后会成为一个不错的大人。因为这是你努力的结果。"

　　孩子是世界上最美丽的花朵。孩子每天吸收爱的养分不断成长。让孩子意识到，规律的生活，勤洗澡，读好书，均衡摄取食物，是他珍惜自己的表现。请让孩子成为一个能够为自己浇水、施肥的人吧。

04 开派对（家庭文化意识）

恋爱时女性为什么那么重视纪念日呢？是不是因为纪念日具有特殊的意义，能够确认恋人的爱，以及为平凡的生活注入活力呢？和孩子一起开派对也是孩子确认父母的爱，让生活变得有趣的一个好方法。

孩子们特别擅长把一件小事当作一个游戏，也擅长把一个普通的日子变成特别的日子。

一天，有三个孩子因为没做作业被我留在教室打扫卫生。其中一个孩子提议道：

"朋友们，我们来做清扫游戏吧？看谁能打扫更多更快的垃圾。"

孩子们甚至把受罚当作游戏。请在家也发挥孩子的这种能力吧。

效果：创意力，挖掘事情的趣味，积极的态度

清扫派对

准备物品：笔记本、书写用具

和孩子一起思考有哪些是可以和家人一起开的派对，并为派对取名字。如果每个月是大扫除的日子，就起"清扫派对"，孩子们会更加积极地打扫卫生。清扫派对结束后，和孩子一起吃美食或者看有趣的电影。让孩子更加喜欢这样的派对。

春节，家人生日

春节或家人过生日时，和家人一起商量如何度过有意义的一天。应该会有许多不错的点子。让孩子打造"共同的家庭文化"，策划有意思的派对，会增强孩子对家庭的归属感。另外，孩子会产生"我们家这个也会做"的自豪感。

送别会

英玄家每年12月31日都会四口人聚在一起开送别会。是为了吃特别的料理。他们从几天前就开始商量做哪道菜。经过商议后，大家决定今年的年度特别料理是"芝士炒年糕"。接下来大家一起去超市买食材，然后分工合作。英玄爸爸择菜。英玄妈妈制作酱料。英玄炒菜。而英玄的姐姐负责把年糕、火腿肠、鸡蛋煮熟。完成后的芝士炒年糕非常受英玄家人的喜欢。

晚饭后，大家开始"回顾一年的时光"。在蛋糕上点蜡烛后，大家各自说出今年最感激的事情是什么，遇到最困难的事情是什么，对明年更加幸福的期望。最后吹灭蛋糕上的蜡烛，开始唱歌。

家庭文化意识不管以什么名义，不管一年举办几次，只要能让孩子感觉到家人的特别就行。能够相互倾诉自己的内心。生日派对就算不大，也一定要举办。在"考试结束的日子，个子长高5厘米的日子，牙齿全部脱落的日子"等各种纪念日以"派对"的名义去庆祝，让孩子学会在平凡生活中寻找乐趣的方法。

平凡生活中的小变化能为生活注入活力。纪念日、派对就是这样。据说年纪越大，感动就越少。大概是因为经历的事情越来越多吧。越是这样，我们越应该在平凡的日子懂得感叹和庆祝。世界上最幸福的事情莫过于和家人一起体会这样的乐趣。伟大并不一定幸福。请和孩子一起从身边的小事中感受幸福吧。

05　每天鼓励及称赞一次以上

奖励有外在奖励和内在奖励之分。内在奖励源于自身的兴趣和好奇心，自身流露出的满足感和成就感就是奖励。外在奖励是这个活动能给我带来的东西，如升职、孩子所盼望的礼物、零花钱等。

那么称赞属于内在奖励吗？还是外在奖励？为了得到称赞而进行的数学学习，虽然在数学考试之后内心充满满足感，但这并不是孩子的目的，所以属于外在奖励。

认为内在奖励好、外在奖励不好的想法是错误的。因为两者有着密切的关系。为了外在奖励而努力，最后会收获内在奖励。为了升职和奖金而努力工作，从中感到了成就感。为了父母答应的自行车而努力学习，从中感受到了学习的乐趣。与外在奖励引发的动机相比，因为内在奖励而产生的动机更具持续性，更强烈，因此我们应该把内在动机作为目标。

小时候，能够马上获得的外在奖励更吸引人。所以，我们不能对孩子们乱用外在奖励，而是要善于运用外在奖励。"称赞"如电动机一般让孩子充满动力。成人受到称赞心情也会变好。"你今天穿得好漂亮。""今天你的皮肤看上去真好。""真是童颜呢。""果然是能人呢。"这样随口说出的称赞也会成为被夸赞者一天努力工作的动力。

我问孩子们，"为什么想要成为善良的孩子呢？为什么要学习呢？"大部分孩子回答为了受到称赞。对孩子们来说，称赞是他们的目标。翻看孩子们的日记，里边满是关于称赞的内容，"我想获奖受到父母的称赞""今天受到称赞心情真好""为了得到表扬，我一定要好好考试"。

尽管孩子们如此喜欢称赞，但每天一起生活的家人之间很少称赞对方。一句简单的称赞就会给对方以力量。请抽出时间准备"称赞的时间"吧。称赞有许多种方式。下面简单介绍几种。

效果：动机，自信，自尊，情商，纽带感

称赞接力

家人们围坐在一起，确定先后顺序，进行称赞接力。说不出来就出局！出局后再次变更顺序。这样玩几次后，出局次数最少的人胜！将之前确定的奖励奖给优胜者。

称赞信

写有关称赞对方和鼓励对方的信件或小纸条。

颁发奖状

可以给喜欢实质奖励的孩子颁发奖状。用厚纸或彩纸印刷奖状，因为是父母给的，所以孩子会倍加珍惜。当然孩子也可以颁发奖状给父母。父母收到孩子颁发的奖状，会让父母更加深刻认识到父母的作用，更加珍惜孩子。

奖状（例）

奖状 金微笑 这位小朋友一直乐观向上，关心他人，特颁发此奖状。 2013.9.14 父亲　金代宇	**奖状** 金微笑 这位小朋友总是独立做自己的事，生活自主能力强，特颁发此奖状。 2013.9.14 父亲　金代宇

老师笔记

下面是网上流传的"称赞的50个作用"。希望能与大家一起分享。称赞的作用十分巨大。请每天至少对孩子说一句称赞的话。

称赞的50个作用：

1. 称赞是手机，不需要分时间地点。

2. 称赞是产妇，即使不吃饭肚子也很大。

3. 称赞是钻石，是爱的结晶。

4. 称赞是灵丹妙药，没有称赞治愈不了的病。

5. 称赞是现代经营，能使顾客满足和感动。

6. 称赞是泉水，能洗去心灵上的尘埃。

7. 称赞是让鲜花绽放的魔术师，让僵硬的脸部绽放笑容。

8. 称赞是KTV的机器，听到称赞的我们会不自觉地哼出歌曲。

9. 称赞是一面大镜子，让我变成了你，让你变成了我。

10. 称赞是出故障的拉链，使心灵之门自动打开。

11. 称赞是最新型的导弹，能轻易攻克敌军。

12. 称赞是气球，让身体如同飘在空中一样。

13. 称赞是奖金，收到奖金使人兴奋。

14. 称赞是幸运的钥匙，给人带来好运。

15. 称赞是雷达，能寻找隐藏的能力。

16. 称赞是超大型胸罩，让胸部变得丰满。

17. 称赞是增高药，让幸福增强 10 倍。

18. 称赞是善德女王神钟的声音，余音袅袅。

19. 称赞是成长促进剂，植物听到称赞也会噌噌成长。

20. 称赞是高利贷，种风得旋风。

21. 称赞是探照灯，照亮人的内心。

22. 称赞是聪明汤，让傻瓜变为天才。

23. 称赞是整形科医生，瞬间把人变为美人。

24. 称赞是现金支付，效果突出。

25. 称赞是终生会员权，到死都生活在快乐中。

26. 称赞是寻宝，寻找到未知的东西时内心充满幸福。

27. 称赞是威尔刚，让人瞬间充满力量。

28. 称赞是增刊附录，不花钱就能传递快乐。

29. 称赞是存钱罐，越多心情越好。

30. 称赞是信用卡，在哪儿都能通用。

31. 称赞是新国家的儿童，朝气活泼。

32. 称赞是伟大的总统，能书写新的历史。

33. 称赞是万能钥匙，能打开所有大门。

34. 称赞是磁铁，吸引人聚集。

35. 称赞是魔法，能把地狱变为天堂。

36. 称赞是回音，让走掉的人回来。

37. 称赞是计算机专家，让人生得到升级。

38. 称赞是爱屋及乌中的乌鸦，让人心生欢喜。

39. 称赞是曹秀美的歌曲，让人听完又想听。

40. 称赞是扒手，能找到人们自己都不知道的东西。

41. 称赞是饭，吃了不会有副作用产生。

42. 称赞是洗手间，能让人变得舒爽。

43. 称赞是种子，拥有无限的可能。

44. 称赞是汗蒸房，在不知不觉中排出毒素。

45. 称赞是营养奶油，让皮肤变得光滑。

46. 称赞是钢琴调音师，能消除不和谐的声音。

47. 称赞是维生素，让身体和心灵变得健康。

48. 称赞是大酱汤，越喝越香浓。

49. 称赞是胶水，只要沾上就不会掉落。

50. 称赞是灵魂，虽然看不见，但有着巨大的影响力。

 06　想象性发问

　　想象力具有改变世界的力量。几年前谁能想象得到现在每个人都能拥有一部手机？手机的进化速度令人吃惊。当我第一次看到屏幕为彩色的手机时，认为手机只要能打电话就行，屏幕的颜色没必要是彩色的。现在想想当时真的很死脑筋。

　　然后市场上出现了屏幕更大的"滑盖手机"。后来又出现了能用手触摸屏幕的"触屏手机"。听到手机会成为电脑的说法时，我认为"这是不可能的"。反问别人"手机里怎么能有电脑呢？"但是充满想象力的人们把不可能变成了可能。现在我很期待以后会出现什么样的手机。拥有想象力的人不是跟随世界，而是在改变和引领世界。

　　为了培养孩子的想象力，我们应该认真倾听孩子的话语。要一直认同可能性。书是想象力的源泉，要多读书是很聪明的做法。日常生活中的发问就可以提高孩子的想象力。坐车时无意中提出的问题就能够把孩子带入想象的世界。

效果：想象力，创意力，情商，纽带感

想象性发问

孩子能发挥想象力把一个想法扩展到无限的可能。"想象性发问"有多种形式。下面是日常生活中父母可以对孩子提出的"想象性发问"示例。

◆ 宇宙电梯：如果有连接太空和地球的电梯，你认为是什么样的呢？

◆ 时光机：如果有时光机，你想回到哪个时代？

◆ 一张车票：如果有一种可以去任意地方的车票，你想去哪儿？别的国家吗？还是我们国家的某个地方？

◆ 游乐场：自己打造游乐场的话，你希望里面有什么好玩的游乐设施？

◆ 社长：如果你是社长，想要建立什么样的公司呢？要怎么经营公司呢？

◆ 手机：未来的手机是什么样的呢？

◆ 竿子：木棍或者长竿除了原来的用途，还有哪些用途呢？

编童话

有时间的话可以确定主题，进行"编童话"。孩子能够迸发出令人吃惊的想象力，不过我们平时没有给孩子发挥的机会。大人们那些条条框框的文化使得孩子们的想象力渐渐消失。

现在科学课本上的最后一单元一般是科学作文。在学习完"影子"后，要以"影子"为主题写一篇童话。我读了我们班 24 个孩子写的童话，让我产生了这是 24 个童话作家作品的感觉。他们有着不逊于童话作家的实力。大家可以看一下我们班某个孩子写的童话。

在古代有一个叫老金的男人。老金和妻子一起生活，但妻子因为得了癌症去世了。他特别想要一个孩子，但没有妻子的他很伤心。

有一天，老金去山上砍柴。他发现树下有一个包在襁褓里的婴儿。他小心翼翼地把孩子抱起来带回了家。老金为孩子起名"抱童"，开始精心地照顾、养育他。

抱童过了1年长大了5岁，过了2年长大了10岁。老金看出了孩子的不凡，把他送到山下的书院学习。抱童学习成绩特别优异，因此受到了书院里其他孩子的嫉妒和排挤。而且书院里的孩子们发现他的身下有黑色的影子，因此嘲笑他是"黑影子孩子"，更加排挤他。难过的抱童对爸爸说：

"爸爸，因为只有我有黑色的影子，大家都嘲笑我。我觉得很难过。"

老金为了解决这个问题，每天向玉皇大帝祈祷。玉皇大帝被老金的诚心感动，于是让世界上所有人的身下都有了黑色的影子。从此之后出现了影子。

非凡的人物传奇，非凡人物被老金抚养的来由，妻子的去世，以及故事中的冲突，受排挤问题。最后引出了影子的由来。你能相信这是小学三年级学生的作品吗？从那以后，我开始让孩子们在本子上写童话。孩子们把童话交给我的时候都很自豪。

什么事都不做

据说比尔·盖茨每年都会有两次的"思考周"时间。在思考周期间，他待在位于美国北部太平洋沿岸的两层别墅中，什么事情都不做，专注地思考。比尔·盖茨为什么会这样做呢？因为他知道，在什么事情都不做的状态下，才会产生最具创意的想法。这就是"创造性的懒惰"。比尔·盖茨发现了"思考周"的效果，因此在微软公司把"思考周（Think Week）"写进了公司的规章制度。

让我们给孩子自由支配的时间如何呢？在这个时间里，不要唠叨孩子。当然这个与单纯的自由时间不同，所以不能看电视、电脑或玩游戏。只让孩子什么事都不做。

老师笔记

提高孩子的想象力，并不需要昂贵的教具。教具不过是局限于成人想象的一种物品。请不要把所有东西都塞进孩子的脑海，以免妨碍孩子的想象力。并且，请给孩子发挥想象的机会。孩子需要走路时、发呆时享受思绪飞扬的时间。把便笺纸或黑板放在孩子附近，以便孩子产生新奇的想法时能记录下来。

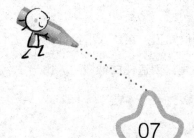

07   熟悉感情表达方式

人的基本感情有6种（喜，怒，哀，惊，厌，恐）。这是人类先天的感情，随着年龄和阅历的增加，感情会更加细化。随着6种感情强度和程度的变化，感情的幅度会扩大。

这就是情绪知识。不过每个人情绪知识的拥有程度都不同。有的人能分辨出各种情绪的名字、强度和种类。有的人则不能正确区分情绪的差别。

在学校检查孩子的日记时，我也经常感叹，相同的年纪、相同的情况，孩子总会有不同的想法和感受。对坐在教室里看上去幼小的孩子们，能通过考试区分出他们对科目的学习程度。

而通过看日记，可以看出有的孩子从小就有着丰富的感情，而有的孩子每次只以"有趣"来结尾，过着单调枯燥的生活。这两类孩子的差别很大，而且这个差别会随着时间越来越大。

对情绪知识应用能力强的人，处理人际关系的能力也强。因为这样的人熟知人类感情和心情的复杂与多样性，会努力认识到不同人有不同的立场和处境。

怎么样才能提高情绪知识的应用能力呢？方法与知识积累的方式相似。为了使孩子拥有丰富的语言能力，父母需要让孩子尽量多读书，从中接触到更多的词汇。同理，开发孩子的情绪知识应用能力，就应该让孩子多说与心情相关的词汇，然后告诉孩子各种微妙感情的差异，在某种处境下应该使用哪种感情的语言。

情绪知识的累积需要经常表达自己在某一时刻的心情，因此父母应该做到坦率表达自己的心情。通过书籍间接体会别人的感受也不失为一个好办法。

效果：情绪知识累积，自我理解能力，乐观，自尊，自我调节能力

用各种方式表达心情（颜色、物品、天气）

孩子放学、父母下班后，围坐在一起谈谈今天的心情。如果问"今天心情怎么样？"，大部分孩子都会直接回答"很好""一般"等。为了更加细腻地表达自己的感情，我们用周围的物品或颜色来表达心情吧。

表达心情的例子：

因为好事兴奋的时候：妈妈今天因为敏熙照顾弟弟，所以心情像"甜蜜的可可茶"一样。妈妈感到了敏熙温暖的心，就像喝到了我喜欢的可可茶一样，心情很好。

心情超级不好的时候：妈妈现在的心情是"黑色"。敏熙你自己的事情不自己做，只顾着看电视了。

制作感情天气一览表

用天气表达自己的感情，这样既可以丰富词汇，也能不断地观察自己的心情，累积情绪知识。

用纸表达感情

准备物品：白纸（A4 纸或绘画纸）

家人聚在一起把自己的心情用白纸表现出来。其中不能用笔、剪刀等道具，只能用白纸来表达。估计应该会有人把纸揉成一团，有的人把纸折叠起来，还有人把纸撕掉。然后讨论这样表达的原因，家人之间会更加坦诚，说出一直未说出口的心底话。

摆脱负面情绪

准备物品：气球、重物（石头、哑铃等）

想想心情好的时候。回想表达心情好的话语，然后拿起气球在客厅里转一圈。

回想最近遇到的困难，以及因困难而导致的负面情绪。拿起重物在家里转一圈。领悟到，我心情沉重的情况与拿着重物在房间转的情况是一样的。最好全家人参与这个游戏。

老师笔记

　　控制调节感情和感受的能力就是"情商"。丹尼尔·戈尔曼将情商中认识自我感情的能力称为自我认识（self-awareness）。自我认识能力是情商中的基础。情商是心灵的力量。强大的领导者全部是情商型的人才。我们应该培养孩子勇于克服困难的强大的心灵力量。

08　下载音乐

效果：音乐能力，情商，积极的心态，纽带感

"老师，昨天妈妈帮我下（载）歌了，我好喜欢。"

孩子耳朵里插着耳机，嘴里哼唱着歌曲。把歌曲下到手机或MP3里是件很简单的事情，孩子自己就可以做到。但妈妈帮忙下歌对孩子有着特别的意义。

这让我想起高中时的一位朋友。当时的高中每天晚上要上晚自习到11点。吃完晚饭后，朋友一边听着MP3，一边说，"今天一整天都想着听音乐，所以被训了。"昨天姐姐帮她下了歌，她很期待和好奇姐姐帮她下了什么歌。于是晚自习开始前，她戴上耳机，闭上眼睛听音乐。她的表情似乎很享受。尽管还要上令人难过的晚自习，但姐姐下载的歌曲缓解了她的压力，使她能够安静地上完晚自习。

音乐能带来力量。我比较过没有音乐的恐怖电影和有音乐的恐怖电影。没有了阴冷的音乐，就感觉不到恐怖的氛围。想象一下没有了音乐的电影、电视剧、广播和咖啡厅吧。

听音乐的时候身心都会被音乐感染。在军队唱军歌能提高士兵的士气。瓦格纳的音乐节奏感强，能让人兴奋，沉迷其中。大地震或事故中有的人受到精神创伤，饱受心理折磨，很难向他人打开心门。而听音乐可以使人体分泌多巴胺，抚慰精神受伤的人。这就是音乐的力量。

《与儿子一起听古典音乐》的作者林后男制定了音乐名单。他选择了35首适合孩子与妈妈一起听的音乐，以及出现在小学教科书里的古典音乐。听西方古典音乐的时候，妈妈不参与，孩子自己听很快会变得烦躁。也可以和孩子一起挑选喜欢的流行音乐，同时也应该让孩子听一听他不想听的音乐。意外的是，孩子们也很喜欢古典音乐。音乐课上鉴赏音乐时，孩子们听到安静的音乐会感到无聊，但当老师向他们解释音乐的意境及背后的故事后，孩子们会享受音乐。

与孩子一起挑选并倾听音乐后，互相分享自己的感受。分享感受时，可以用图画或文章表现出来。如果孩子小的话，也可以用肢体语言来表示。与孩子一起在网上或书上搜索音乐家的资料。当孩子开心或生气时，可以播放让他安静下来的古典音乐。也可以伴随着古典音乐一起享受午觉。

老师笔记

听"音乐"是父母与孩子可以一起做的事情。音乐能将人与人联系起来。韩民族自古喜欢劳动的时候唱民谣，也有着其他国家没有的练歌房文化。

音乐可以使灵魂相通。相信大家都看到过恋人们一人一个耳机听音乐的场景。让父母与孩子灵魂相通的方法，就是一起听音乐。

09　做志愿活动

　　小时候我的日记本上贴有老师发的作业清单。里面有一项"为别人做志愿活动"。当时我很喜欢表示作业完成的对号变得越来越多，因此总是尽心寻找有没有可以帮到别人的事情。帮助朋友后的快乐到现在都记忆犹新。这种好心情的持续时间似乎变得很长。

　　事实上做志愿活动这件事连成人都很难做到。自己的生活已经十分忙碌，如果没有坚定的信念，是很难做到帮助别人的。所以理解分享的意义是一种高层次的思维。

　　现在出现了"记录在生活记录本上，加入到入学审查制度中"等把"志愿"分数化的现象。把"志愿"变成了为了得到什么而必须去做的一种义务。这样形式的志愿活动没有意义。我经常在教室里向孩子们讲述那些帮助别人的故事。但孩子们的反应却让我惊讶。

　　"为什么要这么艰难地生活呢？"

　　"我是困难的邻居。"

　　孩子们说着自私的话语，对故事中的人嗤之以鼻。就像玛丽·安托瓦内特说的那句"没有饭，他们为什么不吃蛋糕呢？"他们对困难的人一无所知，没有同情心。

P氏夫妇恋爱的时候就开始做志愿者。他们信仰相同的宗教，有着一样的价值观，热衷分享。所以当孩子上小学时，他们就带着孩子做志愿活动。孩子既去过孤儿院和孤儿们交朋友，也去过残疾人福利院包装筷子。每次在电视上看到生活困难的人，他都想提供帮助。认为与不幸的人相比，他幸福多了，所以心中也没有对社会的不满。

他从来不会吵着跟父母要游戏机。孩子最常说的话是，"爸爸妈妈，我长大以后要帮助苦难的人，所以我要好好学习。"看到懂事、善良的孩子，P氏父母十分欣慰。他们也曾苦恼过做志愿活动会耽误孩子上辅导班的时间，但最终他们认为带孩子做志愿活动更有意义。因为一起做志愿活动，孩子与父母相处的时间变多了，变得更加幸福。

有些父母担心孩子过于自我，不懂关怀他人。这是因为孩子更多时候是受到照顾和帮助的一方。提到去做志愿活动，孩子可能不想去。但做完志愿活动后，孩子感受到的开心和快乐会督促孩子成为乐于助人、喜欢分享的人，并且还能提高孩子的自尊心。

看到比自己困难的人，孩子会发自内心地感恩父母和现在的状况。当孩子长大遇到挫折时，想到比自己更加困难的人，会产生站起来的勇气。

金秀英因金钟少女而著名，她在地方实业高中上学，尽管家庭贫困，她仍然坚持学习，最后敲响了金钟，被延世大学录取。毕业后她进入英国的高盛集团。但幸福总是短暂的，她的身体出现了癌细胞，生命垂危。她把死之前想做的事情写了出来。不过现在她已经痊愈了，奔走在世界各地分享她的梦想，并且出版了书籍。她正在一个个实现曾经写下的梦想。从她的遗愿清单可以看出，她是多么伟大的人。

她的遗愿清单上写着，"帮助他人的事业"，"领养孩子，添加家庭新成员"，"到发展中国家做志愿者"，"捐献全部财产"，上面全部是为他人和社会能做的事情。帮助他人会使人的心胸越来越宽广。因为不把目标只局限在家人身上，所以更有勇气参与更大的挑战，并且成为在社会中颇具影响力的伟人。

父母如果想带孩子做志愿活动，总是苦恼要去哪儿。其实需要我们的地方很多。我们可以去信仰的宗教，或者与工作有关的社团。引导孩子从身边的小事做起，从帮助朋友、老师做起，成为一个心胸宽广的人吧。父母也应该乐于助人，为孩子树立好榜样。

老师笔记

我们生活的社会是资本主义社会，有许多人比我们的生活富足。但孩子们如果将目标定位富足的生活，孩子所寻找的幸福只是相对的幸福。那么孩子能寻找到幸福吗？

做志愿活动能让人们自我满足，通过分享学习人生哲理。做志愿活动其实是为了我们自己，因为施比受收获的更多。

第 2 篇　学习游戏

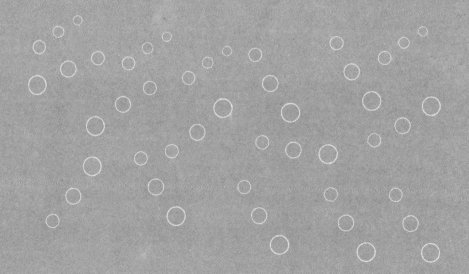

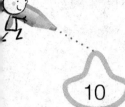

10　带上"好奇手册"一起去图书馆

　　孩子对世界充满好奇。出生到这个美丽世界，对这个刚刚认识的世界感到十分新奇。即便是已经了解了这个世界的成年人，到国外旅行时，看到与自己的国家完全不同的环境，也会感到好奇吧。外国人到我们国家旅行时的感受，大概就是孩子对这个世界的感受吧。从刚出生的懵懂，到现在的认识身边的物品、人和食物。"这是什么？感觉怎么样？为什么还会这样呢？"孩子不断地探索着新世界。

　　检查日记时，有个孩子在日记里写道：第一次吃到了"烤鱿鱼五花肉"。"真的很神奇，怎么能将鱿鱼和烤肉放在一起吃呢？"我看到这篇日记，不禁笑了出来。"原来孩子还会因为吃了这个而感到神奇呢。"我想起了自己去法国旅行时，第一次看到蜗牛料理时的心情。这两种情况有什么不同吗？

　　"原来孩子们是这样的。我感觉很正常的事情，孩子们会感到很新奇。为什么之前我都不明白这些，对孩子乱摸乱动的习惯斤斤计较呢？"

　　上课的时候，经常会因为孩子们的问题太多而影响进度。越是低年级，孩子的问题越多。每次我讲新知识的时候，孩子们都会睁大眼睛认真地听讲。孩子们努力汲取知识的场景让我感到幸福。是啊，孩子们就是这样有着强烈的好奇心。但是我们不可能一直陪在孩子身边，随时为他们答疑解惑，那么怎么样才能满足孩子的好奇心呢？

效果：好奇心，创意力，观察力，读书习惯

制作"好奇手册"

让孩子们随身带着手册吧。最好为手册起一个名字。发挥孩子的想象力，为手册起名叫"好奇手册"或"好奇心博士"等可以让孩子更加重视这本手册。

每次有想要知道的事情时，让孩子把问题写在手册上。我曾经在教室里和孩子们一起制作并使用过"好奇手册"。孩子们有了手册，把许多想要知道的事情写在了手册上，了解到了许多的知识。

等手册上积攒了不少问题时，就带着孩子在周末去图书馆。父母遇到不懂的问题时，不要对孩子说，"你怎么这么多问题？""去学习吧。"请对孩子说，"妈妈也不知道。我们写在好奇手册上吧？周末我们一起去图书馆找答案。"

到图书馆后一起翻找书籍。如果没在书中找到答案，也可以使用网络。精英教育有什么特别的吗？不过是产生更多的好奇，产生更多的问题而已。抑制孩子的好奇心，孩子在以后可能对所有事情都不再好奇。下课前老师询问高年级的孩子："有没有疑问？"没有人回答。好奇心是所有开始的源泉。父母是帮助孩子掌握智慧的人。只需一点时间投资，孩子就能拥有望向世界的神秘双眼。

　　图书馆是保管着几千年智慧的仓库。只是坐在图书馆，我们就能感到其中的底蕴。希望孩子从小就能感受去图书馆的愉悦之情。孩子看到安静坐在书桌旁看书的人，也会自己坐在一旁看报纸、杂志。现代的图书馆也出现了DVD。在图书馆能够看电影和上网。图书馆是最好的休息场所。请和孩子一起尽情徜徉在书海中吧。

11   去书店买书

　　书店与图书馆不同。在图书馆有无数被前人翻阅过的书籍，而在书店排列着崭新整齐的新书。书店里总是一片嘈杂，充满了活力，在书店可以了解到最近的文化趋势。新书就像新衣服一样，让人感到开心。看到无数本等待主人的书籍，我们的心脏也如同被注入了一股新鲜的空气。书店是一个让人愉悦的地方。和孩子一起去书店，对于不喜欢书的孩子也是一种不错的体验。

　　假设告诉孩子今天要去一个特别神奇的地方。在那里可以见到许多人，特别是许多伟大的人。那个地方味道也特别好闻。充满好奇的孩子会问："是哪儿？"如果我们回答孩子，"书店！"也许孩子会感到失望吧。因为这个地方既不是游乐场也不是游戏厅。看到为去书店而兴奋的父母，孩子也许还会产生这样的想法："去书店有什么高兴的呢？"尽管如此，孩子在印象里已经把书店当作一个好玩的地方了。

效果：读书习惯，空间感觉，语言能力，情商

逛书店

和孩子一起逛书店，告诉孩子怎么寻找到自己想要的书。大型书店一般有地图，会告诉读者儿童图书在 F，其中学习漫画在 13，只需要找到 F13 就可以。父母不要出面寻找，让孩子自己看地图并询问书店营业员去寻找。

寻找宝藏书籍

去书店前在网上检索最近受欢迎的书籍。也可以是一直想买的书，或者朋友有自己没有的书。确定三本这样的书作为宝藏的候选。然后和孩子去书店比赛找出这些书。每个人负责找一本书，看谁找书的时间最少。

找到这三本书后，和孩子一起翻看。一起看书的封面、题目、图画、目录等，告诉孩子如何选择满意的书籍，然后挑出最喜欢的一本买下来。

购书

给孩子一些零花钱。

"今天妈妈给你 15000 韩币。你可以用这笔钱随便买自己想读的书。"

孩子对于可以自己选择书籍肯定非常开心。当孩子选书时，如果只想选漫画书，可以给孩子规定范围。"买一本你想要的漫画书，再买一本其他书吧。"我小时候，家里摆满了创意童话、传统童话、历史漫画、科学漫画、伟人传、韩国文学、世界文学等书籍。被书籍包围的我开始对读书感兴趣。但与这些书相比，我更感兴趣的是偶尔自己去书店买回来的书。我至今仍然记得这些书，《申师任堂》《李舜臣》《青蛙故事》《很高兴见到你，逻辑》。因为它们都是我在书店翻看插画和内容后，决定买回家的书，所以我百看不厌。孩子读自己挑选的书，会产生对读书的兴趣，而且会把收集一本一本的书籍当作一种乐趣。

老师笔记

　　逛街不能只是为了买衣服和玩具。有句话叫偷书贼不是贼。意思是书被越多人分享越好。请让孩子感受到去书店的幸福吧。请让孩子享受买书的愉悦吧。新书的香气、干净的书籍，父母与孩子共处的时间，会让孩子的未来更加光明。

12   一起做作业

孩子小时候的作业又被称为"父母的作业"。由此可知孩子的作业很多情况下是不能独立完成的。老师们并不是故意要让父母烦恼，才给孩子们布置了难做的作业。由于知道父母工作繁忙，大部分孩子们要在家做辅导班布置的作业，所以我现在正努力不留作业。不过小学作业一般可以由孩子在家独立完成，基本都是"调查""制作""录音练习"等。"作业"是学习的促进剂。

在学校检查作业的时候，有些孩子会自豪地说：

"昨天妈妈帮我做了作业。"

"我和爸爸一起做了作业。"

"妈妈告诉我要这样做。"

听到这样的话，我意识到，"原来孩子们这么喜欢和父母一起做作业啊。"

效果：学习习惯，纽带感，孩子的最近发展区扩大，自信心，自尊心

最近发展区

最近发展区（ZPD）是苏联教育学家维果茨基提出的观点。如果说孩子独立活动达到的水平是 A，在他人帮助下能达到的水平是 B，则 A 与 B

之间的区域就是最近发展区。每个孩子独立达到的水平 A 与他人帮助下达到的水平 B 不同。一般测评孩子的水平时测评 A，但实际上应该测定包括潜在能力在内的 B。

大人们应该帮助孩子从水平 A 到水平 B。ZPD 经常被比喻成橡皮筋。因为橡皮筋能被拉伸得很长，有着很大的潜力。每个孩子的 ZPD 不同。有些孩子看上去橡皮筋很短，但在大人的帮助下会变得很长。孩子的作业也是。孩子能独立完成的 A 水平的作业固然重要，但在帮助下达到 B 水平的作业能激发孩子的潜力。

这样会让父母更加了解孩子。只有和孩子一起做作业和学习才能了解孩子，不是吗？不要只关心孩子的试卷，更关心孩子学习的过程吧。如果孩子感受到父母对自己的关心，会更加有安全感。与"作业是什么？去做作业吧。"这样的话相比，"今天和爸爸一起做作业吧。"的话语更能让孩子享受作业的过程。另外，为孩子提供的帮助，应该是让他从水平 A 到水平 B 的正确的帮助。如果父母从头到尾一直在帮孩子做作业，是不会真正帮助到孩子的。

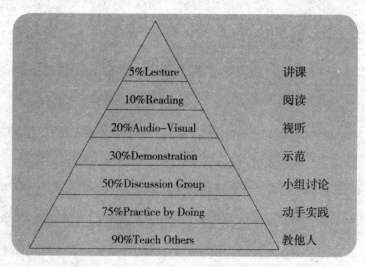

5%Lecture	讲课
10%Reading	阅读
20%Audio-Visual	视听
30%Demonstration	示范
50%Discussion Group	小组讨论
75%Practice by Doing	动手实践
90%Teach Others	教他人

和孩子一起做作业或学习时，最有效的学习方法是让孩子像老师一样教别人。请看上图中的学习金字塔。图中将每个方法的记忆率都表示了出来。让孩子像老师一样给父母或兄弟姐妹说明讲解吧。

我上初中的时候，总是让 7 岁的弟弟坐在我面前，向他讲课。当然他不懂我在说什么，表现得十分无聊，不过我没有总是强制他"听姐姐说"。因为我像老师一样讲课的话，就不会忘记学习的内容。

在学校经常有老师这么说，"孩子是一年级的话，父母也是一年级。孩子读三年级的话，父母也读三年级。孩子的年级与父母的年级一样。"是啊，如果孩子 1 岁，父母也是 1 岁。每天和小学生的孩子们一起度过的是老师们，因此对孩子的学校生活了解不多的父母也相当于三年级。孩子是学生，父母也是学生。而且这个学生时期比想象中还要短暂。因为在以后即使父母想要帮助、关心孩了，孩子也会拒绝。

今天和孩子"一起"做作业怎么样呢？"如果没了作业，每天要和孩子一起做什么呢？"想到这些，就不应把作业当成是头疼的事情。

老师笔记

有句话叫啐啄同时。意思是鸡蛋在孵化时，必须由母鸡和雏鸡同时在壳外和壳内啄啐，才能里应外合破壳而出。希望父母与孩子能够度过"啐啄同时"的一天。

13 与孩子一起制作查对清单

习惯指的是反复做某件事，使神经系统里形成了一条记忆路径。所以习惯一旦形成，很难得以改正。小时候的习惯会影响一个人的一生，所以我们应该引导孩子养成生活上的好习惯。

富兰克林制定了 13 项美德，并遵守了一辈子。富兰克林的人格中有相当一部分是通过后天的努力形成的。他的计划与美德直到现在仍被广泛视为各种自我开发的理论依据。

他用查对清单的方式核对自己是否遵守了 13 项美德，这种方式被现代人所采用，制作了富兰克林规划记事本，尽管价格昂贵，但很受大家的喜欢。这也是查对清单能有效督促人发生变化的一个有力证据。为了和孩子一起养成好习惯，我们也来使用富兰克林使用过的查对清单吧。

效果：提高注意力，对时间的认识，提高学习动机，好习惯，情商，元认知能力，执行力

查对清单上可以有"作业、数学试卷、读书"等与学习相关的条目，也可以写有"均衡饮食、感恩生活、与朋友好好相处"等与情绪习惯有关的内容。正如之前所说，如果孩子特别喜欢玩电脑游戏，可以在清单上加入"每天玩 30 分钟以下的游戏"这个条目。

需要注意的是，添加清单上的条目时，不应该是父母单方面的制定，而应该和孩子一起共同制定。然后"每天"都不漏掉，打钩确认是否做到了，让孩子自己算出得分。不仅孩子需要查对清单，父母也应该加入进来，这样才能使孩子更加认真地对待这件事。

查对清单的题目最好是孩子的座右铭。因为座右铭具有方向性，能打造有重心的生活。父母可以与孩子一起翻看名人名言，确定座右铭。座右铭会在不知不觉中影响孩子的人生，所以最好谨慎思考并挑选后确定。

查对清单能够提高孩子的元认知能力。元认知能力是表示高次元的元（meta）与表示知道某一事实的认知（recognition）的合成词。即对认知的认知。通过查对清单可以得知自己哪些方面做得不够，学会如何制订计划，从而养成自我检查和控制的能力。

查对清单（例）

实现鲜明的梦想														
今天我的一天														
实践项目	9/1	2	3	4	5	6	7	8	9	10	11	12	13	14
读书 30 分钟以上	☐	☐	☐	☐	☐	☐	☐	☐	☐	☐	☐	☐	☐	☐
准备好作业和学习用品	☐	☐	☐	☐	☐	☐	☐	☐	☐	☐	☐	☐	☐	☐
读英文童话故事	☐	☐	☐	☐	☐	☐	☐	☐	☐	☐	☐	☐	☐	☐

续表

实现鲜明的梦想													
今天我的一天													
做 3 页数学试题	☐	☐	☐	☐	☐	☐	☐	☐	☐	☐	☐	☐	☐
跳绳 30 次以上	☐	☐	☐	☐	☐	☐	☐	☐	☐	☐	☐	☐	☐
记 5 个汉字	☐	☐	☐	☐	☐	☐	☐	☐	☐	☐	☐	☐	☐
玩 30 分钟以下电脑游戏	☐	☐	☐	☐	☐	☐	☐	☐	☐	☐	☐	☐	☐
和朋友好好相处	☐	☐	☐	☐	☐	☐	☐	☐	☐	☐	☐	☐	☐
只说积极正面的话	☐	☐	☐	☐	☐	☐	☐	☐	☐	☐	☐	☐	☐
不挑食	☐	☐	☐	☐	☐	☐	☐	☐	☐	☐	☐	☐	☐
……	☐	☐	☐	☐	☐	☐	☐	☐	☐	☐	☐	☐	☐
……	☐	☐	☐	☐	☐	☐	☐	☐	☐	☐	☐	☐	☐

老师笔记

"习惯"源自于父母。父母的力量是巨大的。因为即使我们不想传给孩子，孩子也会受到影响。人一辈子都在学习和摸索，并且不停地观察自身。"查对清单"能让我们反省自我，打造更好的我。从现在开始，和孩子一起制作查对清单吧。

14 写三种日记（感谢日记，未来日记，疑问日记）

"写日记"会给孩子带来压力。"没什么可写，定不下题目"的苦恼更会加重孩子的压力。实际上孩子们写的日记内容基本千篇一律。许多孩子对写日记心存不满，"真不知道为什么要写日记，班主任检查日记是在侵犯人权。"

但是写日记的好处远大于坏处。教师特别重视日记。日记有许多种写法，比如未来日记、感谢日记、疑问日记、照片日记、信件日记、童话日记，可以使日记从无聊中摆脱出来，变得生动有趣。下面我向大家介绍几种对孩子的情绪和学习有所帮助的日记写作方法。

（1）感谢日记
效果：感恩的心，积极的心，写作能力

"感谢我今天能顺利起床。感谢午餐我能吃到意大利面。感谢我忍耐住没有冲做错事的同事发火。今天读了本好书，感谢写这本书的作者。"

"脱口秀女王"奥普拉·温弗瑞每天都在日记里记录自己的感激之情。作为世界上最著名、最富有的明星之一，她感谢的不是惊天动地的大事，而是日常生活中的小事。奥普拉·温弗瑞的感谢日记，让她把痛苦绝望的人生变为了开心的充满希望的人生。贫穷、离家出走、毒品、强奸、未婚妈妈、孩子的死亡等不幸让她意识到人生的珍贵，她每天睡觉之前都会记录 5 条当天值得感谢的事情，让她对生活始终充满了希望。

为了养成感恩的习惯，"最简单有效的方式"是写感谢日记。这主要是受到美国加利福尼亚大学心理学教授罗伯特·埃蒙斯实验的启发。他把 12~80 岁的人分成两组，进行了为期一月的实验。其中一个组每天写出 5 件值得感谢的事情，另一个组什么都不做。写感谢日记的人幸福指数特别高。感谢不应只放在心里，只有用话语和行动表现出来，效果才会加倍。

（2）未来日记

效果：积极的心，面向未来的力量，写作能力

我曾经向我们班的孩子解释过什么是"未来日记"。

"我们可以自己确定未来发生什么事情。大家闭上眼睛，乘坐时光机去未来吧。看看到底未来会有什么事情发生，我们住在什么样的房子里，与谁结婚了，大家仔细看清楚。具体写出未来的事情，然后像真的实现了一样去想象和行动，就会真的实现哦。"

孩子们一副不相信的表情。"老师的话好奇怪。"然后问了我许多问题。

"老师，如果我写得了彩票一等奖，就能中奖吗？"

"老师，如果我写熙敏和太圭结婚了，两个人就会结婚吗？"

"老师，如果我写浩镇摔倒了，他就会摔伤吗？"

孩子们的思维开始转向离奇的方向，但我能看出他们对这个很感兴趣。

我在黑板上写了下面的文字。

《未来日记的写作方法》

①写下未来的具体时间。

②就像已经实现了一样，要用过去式。

③要写得具体详细。

④主人公是我自己，写我的事情。

⑤写有好结果的事情。

出乎意料的是孩子们的日记很出色。不过不能只止步于新奇。我们还要帮助孩子发挥想象力。要记住，只有父母相信未来日记的可能性，才会更加有效。

（3）疑问日记

效果：好奇心，思考能力，创意力

《疑问日记》的作者郭秉宽认为，"疑问式的日记能有效提高思考能力。"疑问能激发潜在的思考，因为寻找问题的答案是人的本能。下面一起来看一下写疑问日记的六种方法吧。

① 用自己的方式记录时间。寻找别人能看懂，又比较特殊的日期标记方法。例如，两只鸭子齐飞的日子（22 日），进入 2010 年的第 75 天（3 月 16 日），水曜日（周三）。也可以用猜谜的方式记录日期。

② 生动地描写天气。"暑气一下子从天空涌了出来，天气变得好热。""晚上了暑气还一直紧跟着我不放。"

③ 写三句话日记。把当天发生的事情中印象最深的事情写出来，用三句话写出事情、起因和解决方法。

④ 确定主题（题目）。如果没有确定范围，那么会使写作变得更难。

⑤ 采用问句接问句的形式。把与主题相关的问句用"然后""但是""那么""另外"等连接词罗列连接起来。

⑥ 打造属于自己的名言。如果针对某一主题的疑问得出了答案，用一句话进行总结。

下面是《疑问日记》中金雪儿的日记示例。

日期：2009 年 11 月的第 7 天第一个周六

天气：秋天之后应该是冬季，但现在春天快来了吗？温暖的阳光，和煦的微风，天气真好。

1. 小姑姑今天搬家，我也去了。

2. 姑姑的新家宽敞明亮，我很喜欢。

3. 我很好奇姑姑为什么要搬家。

题目：小姑姑为什么要搬家？

姑姑为什么要搬家？是因为之前住的地方太窄了吗？所以住起来不舒服吗？但是姑姑为什么一开始住在狭窄的房子里呢？是不是本来不狭窄，东西太多才变窄的呢？那么姑姑搬到新家心情好吗？房子要多大才不会搬家呢？

为了让孩子开心地写日记，应该让孩子自己挑选喜欢的日记本。日记本最好不要太厚，以免孩子感到厌烦。也可以为日记本起名字，例如"××实录""××的历史"，就像写书一样。另外，父母的评语才是最好的沟通方式！日记写满一本后要好好保存起来。这是给孩子最好的礼物。

15　制作时间胶囊

　　最近"未来信"特别流行。"未来信"指的是写信人指定在未来的某一天把信寄给收信人。在首尔北岳风景区有一个"慢吞吞的邮筒"。把信投入邮筒后，信将在一年后寄出。随着时代的变迁，电子邮箱代替了手写信，短信代替了电子邮箱，kakaotalk 代替了短信。在快节奏的时代，慢吞吞的邮筒有着特别的意义。收到 1 年前写的信有什么感受呢？"时间"的力量是巨大的。它能把人遗忘，也能把人改变。我们不一定非得去找慢吞吞的邮筒，可以在家里自己制作时间胶囊。

效果：回忆，纽带感，自我理解能力，表达能力，想象力

准备物品：空箱子或空桶，想放入时间胶囊的物品，信，书写用具

向孩子说明时间胶囊的意义。

　　时间胶囊，是指把资料放入容器中，深埋地下，以留给后人开启的一种时间仓。就像金字塔或古代国王的陵墓承担了将几千年的文化留给今天的职责一样，时间胶囊也起到了将现代的文明和生活为未来保存下来的作用。

　　"我们家每个人都有自己的思想和文化。过一段时间后，看到当时使用的物品就会想起当时的想法和文化。几年后看到自己写的信，就能知道，'当时我是这么想的啊。'可以写信给自己，也可以写信给爸爸妈妈或姐姐。思考一周的时间想要把什么东西放进时间胶囊。也可以把写好的信一起放进去。"

用一周的时间思考想放入时间胶囊的东西并且写好信。父母与孩子一起寻找可以当作时间胶囊使用的容器。只要是空的就可以，或者也可以去市面上购买。如果用废弃的容器，可以用彩色铅笔或贴纸装饰一番，然后为它命名。叫"时间胶囊"也行，"记忆箱子"也行。不管做哪些活动，都要给活动"命名"。

制作时间胶囊时，应该由父母和孩子一起合作，并且确定什么时候打开时间胶囊。把放置和打开的日期写在时间胶囊上。打开的时间可以是 1 年，5 年，或者是 10 年。时间胶囊可放在家里的橱柜，也可以像真正的时间胶囊一样埋在地下。最好把孩子的手或脚画在纸上，一起放入时间胶囊中。这样就能够知道到打开时孩子长了多少。时间胶囊不仅制作过程有趣，在约定时间打开时间胶囊时的欢欣雀跃之情也是十分珍贵的。

我在班级里也和孩子们一起制作过时间胶囊。学期初，我让孩子们给 1 年后的自己写信，把自己的手画在纸上，连同信一起投入时间胶囊用的箱子里，然后我把它们保管起来。学期末的时候，孩子们都没有忘记这件事，催促我："老师，打开时间胶囊吧。"打开之后，孩子们看到 1 年前自己写的信，会惊奇地说："我当时是这么想的啊？"看到 1 年前的计划，孩子们会反省自己。把 1 年前的手与现在的手比较后，有些孩子兴奋地对我说："老师，我的手长这么大了。"

家庭制作时间胶囊时，可以把对自己有特殊意义的物品放进去，时间胶囊的保管时间可随意。与家人一起制作的时间胶囊更有意义。

老师笔记

　　人类靠时间产生的记忆生活。拥有共同记忆的两个人会成为彼此具有特殊意义的人。回望过去的自己，就是在反省现在的自己。对不停在时间里奔跑的家人来说，时间胶囊的时间是他们短暂休憩的时间。

16　一起边看电视或电影，边聊天

　　孩子们特别喜欢"看东西"。电视和电影是孩子们经常接触到的一种媒体影像。孩子经常在被动状态下，用看电视或电影来度过闲暇时间，所以父母陪孩子一起看并不难做到。也因此，人们对于电视的优缺点众说纷纭。有没有方法能把孩子这种被动的时间转变为主动的时间呢？把这一段时间变为对话和提问的时间怎么样呢？

效果：感情移入能力，共情能力，思考的力量，提问的力量，想象力

交谈

　　一起看完电视或电影后，分享对于剧情的看法。父母与孩子每人说一句剧情总结。

想象后续

变身作家，讨论后续故事会如何开展。

改变！！

思考如果改变题目或主人公的名字，故事会有什么变化。

如果是我

讨论如果我是演员，会适合扮演什么角色。如果我是主人公，会怎么做。

站在不同立场

站在故事中一个人的立场上思考。然后再站在与他对立的人的立场上思考。

看电视节目或电影后进行以上谈话就不会把时间虚度。当然事先选择具有教育意义的节目会更有效。为了保证谈话，父母与孩子最好一起看。要注意的是，看完电影讨论时，不要指责孩子。即使孩子说的话很荒诞，也应该接受。就算孩子说得不好，父母只要倾听，然后说出自己的看法即可。孩子可能会为主人公辩驳，从而提高感情移入能力和共情能力。平时没法说出口的话，孩子可能会通过主人公说出来，从而让父母了解到孩子。

小学生最喜欢的电视节目是综艺节目。如果不知道《无限挑战》《奔跑吧，兄弟》《寻笑人》等节目，就无法和孩子们交流。看综艺节目时，可以问孩子"最喜欢哪个搞笑艺人？""你希望《无限挑战》的下一篇该怎样进行呢？""你希望《奔跑吧，兄弟》去哪个国家拍摄呢？"和孩子分享谈话。

另外，可以让孩子到电视节目相关网站留下意见，成为有主见的观众。也许在这个过程中，孩子会树立成为电视作家或 PD 的梦想呢。

　　请重视和孩子一起打造"沟通"的桥梁吧。不要说"孩子总是不主动开口""没时间""不知道在说什么"。就像和朋友交流一样，先和孩子讲话吧。

　　观察教室里安静的孩子，我认为"他们不像是不想讲话"。没有人不喜欢对话，和别人分享自己的内心世界。打开孩子心灵窗口的公式很简单。这个公式就是"一句懂孩子内心的话语＋表达自己内心世界的话＋倾听"。

17 Bed Time Story Reading
（睡前讲故事）

　　孩子与父母对话时接受的语言最多,因此语言上的相互交流十分重要。为孩子读书是最好的把语言资料传达给孩子的过程。孩子喜欢听别人讲故事。

　　人的大脑中有一个海马区。里面存有睡眠期间应该记住的记忆,以及应该遗忘的记忆。睡眠期间最活跃的海马区在白天会整理睡眠期间的记忆,转为长期记忆。因为睡前的信息最容易被储存。"睡前故事"能长久在孩子的脑海里就是这个原因。

　　父母睡前读书也能让孩子确认到父母的爱。这样孩子能在父母的爱意中入睡。

　　效果:情商,想象力,听力,表达能力,语言能力,安全感,纽带感

　　睡前读书这件事一定要养成规律,坚持读下去。如果没有形成每天规律读书的习惯,孩子会产生书有时间就读,没时间就不读的想法。朗读书时,不要只是单纯的读,最好有感情地朗读,以便孩子更容易理解书的内容。睡前30分钟所做的事情会出现孩子的梦乡里,因此最好选择温暖的故事。

每天读书给孩子听，孩子会潜意识地把这件事当作睡觉的提醒，更容易进入睡眠状态。那些白天忙于工作，难以抽出时间陪孩子的职场妈妈和爸爸，每天睡前为孩子读书也有利于形成融洽的亲子关系。孩子从幼儿时期到小学生时期特别喜欢父母读故事。大家既可以每天读书给孩子，也可以在睡前全家人在一起享受家庭读书时间。

老师笔记

是啊，是啊，你们家有绫罗绸缎和闪耀的宝石

是啊，是啊，你们家有美味的食物和美丽的庭院

但是啊，但是啊，我们家有读书给我听的妈妈

——《读书给我听的妈妈》，欧洲歌谣

18　玩拼图游戏

　　拼图能提高人的专注力和耐性，而且非常有趣。我买了一幅关于世界地图的拼图放在教室里。休息时间孩子们就会凑过去拼图。不久之后，他们就清楚记住了哪个角落有哪个国家，以及该国家的名字。从拼图可以看出孩子的性格。有些孩子没有拼对的时候不会放弃，会在零片中不断翻找，直到完成拼图。但也有一些孩子拼了几次都不成功，然后放弃。把这幅世界拼图全部完成的孩子们非常自豪地对我说："老师，全拼完了！给我们拍张照作纪念吧！"

　　效果：手眼的协调能力，专注力，耐性，观察力，共情能力，成就感

　　完成成品拼图

　　反复拼图直到可以轻易拼接完成，然后用镜框把它镶起来。拼图最好由孩子自己选择。父母也可以推荐孩子选择地图拼图或英语单词拼图等有教育意义的拼图。当然不能强迫，要让孩子对这样的拼图感兴趣才行。如果拼图游戏玩了一会儿就放弃了，父母最好给他一些提示，帮助孩子完成拼图。

　　"先拼四周的地方才行。"

"比较颜色，看看哪个颜色更加接近。"

"最好先把容易拼的拼接好。"

"这个零片放在这里不合适吧？"

动手制作拼图

准备物品：挂历、笔记本、杂志、零食纸袋、一片树叶

用身边随处可见的材料也可以制作拼图。不管是零食纸袋、杂志、挂历、笔记本还是照片，都可以剪切成碎片。可以由父母剪切，孩子拼接，也可以相反。用树叶也可以。用树叶拼图，孩子能够观察到叶脉、颜色等树叶的特征。

数学拼图：七巧板游戏

准备物品：七巧板

七巧板游戏就是用七块板组成各种各样的图形。最开始需要参考说明书。熟悉后可以创造自己想要的形状。七巧板可以去商店购买，也可以用厚纸或纸箱自己做。

老师笔记

　　拼图的过程与我们的人生有相似之处。请告诉孩子，虽然给他们的是一堆零乱的碎片，但经过不懈的拼接后，最终会呈现出一幅美丽的图画。这是拼图的魅力所在，也是人生的魅力所在。

第 3 篇　生活游戏

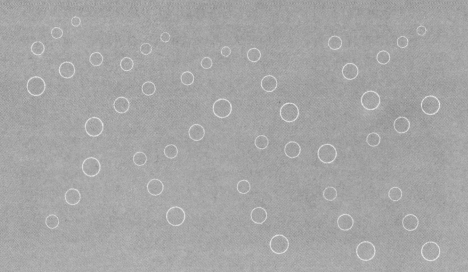

19 家庭打工

　　孩子们精力旺盛，活泼好动。拿小学生为例，没有孩子讨厌体育课。再安静的孩子面对最喜欢哪一科这个问题，也会回答"体育课"。由此可见孩子们有多么喜欢行动。孩子们同样喜欢劳动。

　　这是我们班一个孩子的日记。

　　"今天第一次洗碗。一直以来妈妈从不让我洗碗，今天终于让我洗了。我把洗洁精倒在洗碗布上，出现泡沫后，用洗碗布洗碗，然后用水把碗冲洗干净，最后把碗倒扣在收碗架上。洗碗这么有趣，为什么大人觉得麻烦呢？难以理解。"

　　看到这篇日记我笑了很久。小说《汤姆·索亚历险记》中的主人公汤姆刷墙时，他的小伙伴们也想这么干。孩子们跟汤姆的小伙伴其实是一样的。

　　让孩子们洗碗、擦桌子、刷鞋，从而体会到劳动的快乐与价值。父母做家务的时候，不要对孩子说，"去学习吧"，把这段时间变为陪同孩子的时间吧。"周末要忙着打扫卫生，哪有时间陪孩子玩？"与其这样叹气，不如寻找陪孩子的方法。父母不要认为陪孩子玩一定要去别的地方或花钱。

只要和孩子"一起"，做什么就行。

效果：劳动概念，经济观念，独立性，责任感，情商

向孩子说明家庭打工的含义。

"在这个社会上，我们都需要用钱过上满足的生活。为了赚钱，就得工作。但是你只有到了 14 岁以上才能从事经济活动。所以现在试试在家里打工吧。感觉好玩吧？"

家庭打工合同书

<table>
<thead>
<tr>
<th colspan="2">家庭打工合同书</th>
</tr>
</thead>
<tbody>
<tr>
<td>项目</td>
<td>零花钱</td>
</tr>
<tr>
<td>洗碗</td>
<td>500 韩元</td>
</tr>
<tr>
<td>洗衣服</td>
<td>300 韩元</td>
</tr>
<tr>
<td>收拾餐桌</td>
<td>300 韩元</td>
</tr>
<tr>
<td>使用吸尘器</td>
<td>300 韩元</td>
</tr>
</tbody>
</table>

我_____会认真遵守以上规则。希望父母在我完成以上项目时，能及时支付酬劳。

年　月　日

和孩子一起商定要做哪些事情，以及做这些事情能赚到多少钱。只有制定相关规定，孩子才能具备劳动的概念和经济观念。家庭打工可以是洗碗、给植物浇水、整理书桌、洗衣服等孩子力所能及的事情。不过，这些事情必须是家庭中需要的，能减少父母劳动量的事。不可以是做作业、不挑食等这些本应该做的事情。不要总在孩子缺钱的时候让他去干活，也不能在孩子明显敷衍做事的情况下奖励孩子。

家庭打工的合约时间不要过长。因为父母有可能会忘掉这件事，孩子在漫长地等待酬劳的期间也会失去热情。所以酬劳周结比月结更好。要让孩子意识到，家庭打工的酬劳与零花钱的概念不同。另外，父母不要干涉孩子拿打工赚到的钱买东西的权利。

父母最好劝孩子将一部分钱拿出来捐献出去，借此养成分享的美德。也可以陪孩子一起去银行，以孩子的名字办一张存折。存折与存钱罐不一样。父母要劝孩子把打工所得存起来。当然，最重要的事情是要严格遵守合同书的内容，这样才能使效果更明显。

老师笔记

　　树立孩子的经济观念十分必要。与其对孩子有求必应，不如给孩子一些缺憾，才会让他思考如何赚钱。这是培养他"打鱼的能力"。注意也不能培养孩子"为了赚钱做什么都行，要赚许多钱才行"的想法。

　　让孩子产生"金钱不会自动出现，是我们的必需品。但金钱只是手段，不是目的。金钱通常伴随着我的能力。分享才是基本。"等这种"富人思维"，才是父母应该对孩子进行的金钱教育。

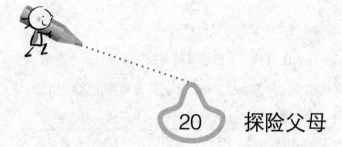

20　探险父母

　　如果孩子了解父母，就会理解父母。令人意外的是，孩子对父母几乎不了解。父母小时候是什么样的，父母现在在哪儿工作，喜欢什么颜色，小时候的梦想是什么，全都不清楚。

　　如果父母为了维护自己的权威，从不泄露自己的感情，那么孩子就很难理解父母，反而会更加亲近朋友，并且产生"为什么父母总是训我呢？为什么总是不耐烦呢？父母小时候很乖吗？"等想法。

　　家人应该共享过去、现在和未来。家人之间应该一起分享回忆，畅谈现在的生活与未来的梦想。

　　因此身为父母的我们向孩子展示自己的生活方式有着很强的教育作用。当了解到父母有时也会疲惫、痛苦，被上司训斥时，孩子们就会出现感动、心疼等表现。

（1）向孩子展示父母的工作

效果：对父母的感恩，自豪，职业体验，亲密感

　　当不能参加孩子的公开课、遵守一起去旅行的诺言时，父母会对孩子产生内疚之情。孩子能够理解，但内心还是会受伤。向孩子展示父母的工作，共享"父母的现在"，能帮助孩子理解父母。不管父母从事什么职业，只要孩子意识到父母为了自己、为了家人辛苦工作的事实，就会对父母心怀感恩，并且为之自豪。不仅如此，这也会成为孩子职场体验的一次机会。

而最近许多企业、警察局为了让职员的孩子认识到父母的工作，也提供了职业体验的机会。韩国GM（通用汽车）公司也定期招待职员的子女，向他们介绍公司基本情况，并带领他们游览宣传馆，观摩汽车生产车间。某个参观了父母工作的孩子这样写道：

"这使我更加理解了父亲的工作。一直为生产高品质汽车而努力的父亲让我感到自豪。"

就算心里对父母有不满，如果有这样的机会，孩子也会更加理解父母吧？

（2）倾听父母的童年故事

效果：亲密感，情商

孩子们意识不到父母也有童年。他们以为父母出生后就是大人，在有了自己后，开始照顾自己。我在认识到父母也是经历了和我一样的成长过程、父母也有童年这个事实之前，一直认为"大人们是不可理解的。"父母一直看上去像大人，一直很了不起的样子。所以倾听父母的童年故事，是一件有趣的事情，还能增强父母与子女之间的亲密度。

当听到父母的童年故事后，孩子意识到"父母原来也像我一样有过小时候啊。"然后产生"我长大后也会成为像父母一样的大人啊"的想法。

上课时间如果老师提到，"老师小时候……"孩子们的注意力会高度集中。睁大眼睛望着老师，似乎发现了新大陆一样。而且孩子很喜欢"老师小时候也这样过"，因为这句话引发了共鸣。

给孩子看小时候自己的照片，或者讲述自己出生时孩子的奶奶做了什么胎梦，或者给孩子看自己小时候写的日记、成绩单等，以此为话题进行交谈吧。父母可以说，"妈妈小时候成绩很好"，但不能因此批评孩子，"妈妈的成绩很好，你的为什么不行呢？"交谈的气氛应该是轻松愉悦，能够引发共鸣的。

许多父母为孩子不怎么说学校发生的事情以及和朋友之间的事情而担忧。但所有的沟通交流都是双向的。如果我说出一条信息，对方也会提供一条信息。只盼望对方提供信息的对话不能持续太久。与孩子的对话也是这样。想听孩子说今天过得怎么样，和朋友关系怎么样，就应该先告诉孩子关于自己的事情，例如"今天发生了什么事情，心情怎么样"，"今天爸爸是怎么想的"等等。父母的儿时故事对于打开孩子的心扉十分有效。和孩子一起去记忆中的地方交流效果更好。

老师笔记

父母与孩子是既远又近的关系。孩子有些话对父母说不出口，却能够说给朋友听。能够与父母畅通无阻地沟通的孩子是不会出现问题的。因为父母理解孩子，孩子理解父母。相互没有真正沟通的家人只是徒有其名。请相互倾听，相互倾诉吧。

表现爱意

"恋爱"是一个非常享受又小心翼翼的过程。想象和一个无比可爱的人恋爱的场景吧。恋爱初期最重要的是什么？就是信任。

人与人之间的关系有"需要（need）—照顾（care）—信任（trust）—宽容（tolerance）"四个阶段。关系初步形成时产生需求。需求满足后，会去照顾对方。然后产生信任。信任使关系更加坚固，即使判断出对方的言语和行为与自己的期待不一致时，也会宽容地接受。如果有一方没有做到"照顾"，信任就不会产生。恋爱初期不经常联络或者很少约会，则很难产生信任，最后导致分手。

父母与孩子的关系亦是如此。我们是否没有照顾到孩子，却让他们对我们全盘信任，我们与孩子是否经历了这四个阶段呢？照顾（care）是一种爱的表现。孩子会不断地确认父母是否爱自己。通过孩子的日记就可以看出孩子的这一心理。

"奶奶说不喜欢爸爸喝太多酒。她每天都这么说，奶奶真的讨厌爸爸吗？我真想知道。"

孩子把奶奶对爸爸的担心当成了生气，是对爸爸的讨厌。孩子们对肉眼看到的爱非常敏感。"不说也知道"这句歌词是谎言。

我们一定要让孩子感受到爱，只有不停地表现爱，孩子才会知道。只有这样，孩子在受到父母训斥时，才会有"因为爱我才训我"的想法，而且因为知道"父母一直爱我"，所以与为了让父母高兴而行动相比，孩子更会因为自己想法是对的而去行动。

洛伊丝·洛利 (Lois Lowry) 写了一篇名为《赐予者》（*The Giver*）的小说。小说中描绘了与我们的世界完全不同的乌托邦世界。在那里生活的所有人都没有记忆。人们的职业、配偶、家庭成员都是被分配好的。其中有一个特别的职业，即生下孩子的产妇。家庭成员的构成不是血缘关系，而是社会根据性格和特征给予的分配。因为没有记忆，所以人们没有感情，也没有选择权。在这个世界里，只有一个人有记忆。那就是"记忆传授人"。记忆传授人拥有记忆，主要工作是给领导者建言献策。小说中的主人公被选定为记忆传授人后，他承担了所有的记忆。因此主人公感受到了感情，以及知道了"爱"。感受到感情后，主人公最先做的事情是什么呢？下面是主人公问他父母的话。

"你们爱我吗？"

效果：心的传递，自尊，纽带感

小时候放学回家发现妈妈不在。桌子上有一个用奶粉桶做的笔筒。笔筒里写着"公主殿下一天要做的事"。虽然写满了我今天要做的事情，但我对这些事情并不反感。从那天起，我努力完成这些事情，因为我知道妈妈爱我才让我学习。

妈妈外出时，总会留下纸条或信。有时用心形的彩色纸留言，有时用

A4 纸留言。

"最爱的女儿！今天顺利吧？妈妈有事需要外出，你先吃点零食，做点事情吧。我爱你。"

简短的留言让我充满了安全感，能静下心来做事。

我的博客友人"梦想主厨"在博客里公开了她的宝贝物件们。其中宝物 1 号是什么呢？是从幼儿园到现在 20 多年的时间里收集的妈妈的纸条和信件。

"学习辛苦了。冰箱里有西瓜，拿出来吃吧。"

"银花啊，妈妈本来以为还有水果，所以没有去买。今天你也只能吃香蕉。抱歉。"

从关于小事的纸条，到在日本留学时每天与妈妈的通信，这些对孩子有多重要，才会让她保存了 20 多年呢？世界上没有什么比父母的爱意表现更加珍贵。

老师笔记

请发送充满爱意的短信给孩子吧，也尝试写纸条或信件吧。不仅是孩子，所有人的生活都离不开爱。偶尔为孩子准备惊喜礼物吧。比如下班回家的路上买些孩子喜欢的东西，在不是纪念日的日子想到女儿、儿子，为他们准备礼物。只有被爱才能学会爱。希望各位父母怀着与孩子恋爱的心态充实地走完这四个阶段。

22　收集贴纸

孩子有许多需要学习的东西。对大人们来说理所当然的东西，对孩子而言是一门需要学习的"技术"。"贴纸制度"是一种源于行动修正理论的方法。连我们大人也更喜欢去那种收集印章送免费券的餐馆吧？有人认为，贴纸制度是一种外在的奖励，这样做会减少内在的动机。但这种方法对动机不够、没有上进心的人效果最好了。

应该注意的是，如果不严格按照规定去做，有可能会产生反效果。为了坚持实行贴纸制度，父母需要的是关心与耐心。我刚开始在班级里实行贴纸制度时，犯了许多错误。"孩子做得好时，给他一张贴纸。当孩子收集到一定量的贴纸时，奖励他优惠券。"当时这么想的我在真正实行过程中遇到许多困难，最后建立了比较合理的规则。现在改良后的这种制度十分有效。

① 奖励贴纸的原则应该明确

要明确孩子做出哪些具体行为时奖励贴纸。"南哲自己做作业，自己整理书包的话，妈妈就会给一张贴纸。"父母要明确告诉需要孩子做到哪些事情。

② 每天进行确认

班里事情太多，忙得不可开交的时候，就没法确认孩子的贴纸。当告诉孩子"今天的贴纸明天再给"的瞬间，这一制度的效果就会大打折扣。再忙也要每天进行确认。

③ 贴纸不能乱发

也就是要严格遵守原则。虽然没有完成目标行动，但孩子保证下次一定会做好的时候，父母会心软。所以会一边说"这次把贴纸给你了，下次要更努力。"一边把贴纸递给孩子。这样做是改变不了孩子的坏习惯的。

④ 应该让孩子觉得奖励很有诱惑力

我一般奖励孩子"优惠券"。"优惠券"的种类有能够和好朋友坐在一起的"一日好友券"，不用写作业的"作业免做券"，吃到老师带来的零食的"零食券"。在家实行贴纸制度时，父母应该与孩子一起商量制作哪种优惠券。

也可以把孩子想要的礼物作为奖励。最好在收集贴纸之前就确定好奖励是什么。因为只有这样才能督促孩子坚持收集贴纸。只告诉孩子"你努力收集吧，到时候就知道了。"会让孩子很快感到厌倦。

尽量不要让孩子认为这些奖励没什么意义。价格昂贵的东西不一定能吸引孩子。要让孩子知道，孩子收集贴纸得到的奖励是有意义的特别的东西。名人使用过的东西或有签名的棒球价格不菲，就是因为这些物品有了特殊的意义和故事。在班里使用"零食券"的时候，孩子们会收到棒棒糖。棒棒糖太常见了，所以刚开始的时候孩子们很失望。但是我选择了为棒棒糖附加特殊的意义，"这是你们辛苦收集贴纸的奖励，可不是随便就能买得到的。你们花钱买的棒棒糖味道跟这个不一样。"后来，孩子们得到一个棒棒糖的时候就特别兴奋。

用孩子想要的东西或把一般的东西赋予特殊的意义后奖励给孩子，这样孩子才能感觉到奖励的吸引力。

⑤ 按时发放奖励

奖励孩子时既不能提前也不能推迟。对于哭闹着问自己还差一个就收集够了，能不能提前给他的孩子，我们也坚决说"不行"。一定要让孩子知道坚持到最后的意义。

⑥ 奖励的时间不能过长

孩子们从收集贴纸到获得奖励的间隔时间太长，会让孩子不耐烦之下选择放弃。孩子的延迟满足能力远不如大人。即，收集 10 个贴纸奖励孩子一个小礼物的效果比收集 50 个贴纸奖励孩子一个大礼物的效果更好。

老师笔记

父母肯定不希望与孩子发生冲突。父母唠叨是因为想这样吗？只是无可奈何罢了。请让孩子在收集贴纸的过程中慢慢改正自己的坏习惯吧。不过除了贴纸，还要给予孩子称赞和爱，请不要忘记这一点。

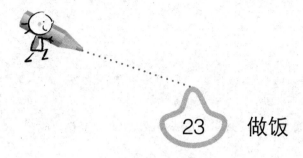

23 做饭

一起吃饭对人类有着特殊的意义。"什么时候一起吃顿饭吧。"这句话表现出了对话双方的亲密关系。男女初次见面会一起吃饭。陌生的人们坐在一起，当出现食物时，尴尬的气氛就会被打破。这样的"食物"对孩子也特别有意义。

许多孩子梦想成为厨师。询问理由，他们回答看到妈妈做饭感觉很有趣。但是他们也会说："妈妈说很危险，会妨碍我学习，所以不让我做饭。"所以想要成为能够尽情做饭的厨师。这样的想法是不是很孩子气呢？孩子们想要体验大人们做的所有事情。

效果：专注力，团结，锻炼大小肌肉，理解能力，责任感，独立性

清洁教育

做饭前洗干净双手。告诉孩子把所有食材洗干净。

共同熟悉食谱

如果父母也是第一次做某种料理，最好通过上网或看书的方式与孩子一起看食谱。如果是父母熟悉的料理，应该简单地向孩子说明做饭的过程与方式。

约定

不允许孩子做饭是有原因的。父母担心孩子在做饭过程中受伤，或者把厨房、食物搞得一团糟。

因此孩子与父母之间应该相互约定。约定做饭的时候一定小心行动。特别是要熟悉菜刀、剪刀、叉子、火的使用方法，再三强调安全第一。另外，需要的话可以约定孩子在父母的指导和说明下做饭。

尊重孩子的想法

决定和孩子一起做饭时，就要充分尊重孩子。当孩子切菜或炒菜时，不要担心受伤而阻止他，也不要一直在旁边唠叨他应该这样做、应该那样做。如非必要，尽量不要打扰孩子。当孩子做完饭后，与他交流饭菜的味道，以及出现这种情况的原因。

清理

孩子虽然喜欢做饭，但不喜欢清理厨房。父母也会因为让孩子做了一顿饭，产生反而更加辛苦的想法。但是父母一定要让孩子意识到，做什么事情都要有始有终。为了培养孩子整理的好习惯，让孩子把食物残渣倒在垃圾袋中，把碗筷清理好吧。

最近出现了一种备受关注的教育方式，即"饭桌前教育"。事实上我认为这是一种不必大肆宣扬的十分自然的事情。家人即一起吃饭的食口（韩语中"家人"的意思），过分强调"必须一起吃饭"反而会让人感到别扭。但是忙于工作的我们很少有时间一边吃饭一边与孩子们交流。请父母们不要把与孩子一起做饭、吃饭当成特别的事情，把这些事当成日常生活中最普通不过的事情吧。

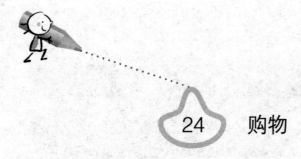

24 购物

我们的一生会遇到无数个选择题。哲学家沙特尔不也说过，"人生是在 B（Birth，出生）与 D（Death，死亡）之间的 C（Choice，选择）"。做过选择的人才能做好选择。如果父母总是为孩子做出选择，孩子将会恐惧选择。因为选择需要担负责任，所以孩子会成为不敢选择、不会选择的优柔寡断之人。但每个人都有做出选择的欲望。在产生表现这种想法的能力之前，人们通常已经在行为中表现了出来。

曾经有人以出生四个月的婴儿为对象进行过实验。在孩子的手上系一根线，当孩子用力拉线，好听的音乐就会响起。然后再进行第二阶段，剪断线，并且马上打开音乐，但孩子会变得生气或伤心。剪断线后给孩子听的音乐与孩子自己拉线后听到的音乐是一样的。通过这个实验可以看出，孩子想要的不是听音乐，而是可以选择音乐的力量。

效果：决定能力，右脑发育，空间知觉与专注力，感觉刺激，锻炼大小肌肉，经济概念，独立性

为了让孩子具备选择的力量，我们就应该多给他选择的机会。尤其是让孩子自己挑选需要的物品。例如夏天让孩子自己去购买要穿的 T 恤。

A：父母告诉孩子可以购买的价格。孩子多试穿几次T恤，考虑到价格、
设计及质量后做出决定。

B：父母询问店员，"这个可以试穿吗？"之后让孩子试穿。最后父母
做出决定。

A与B是两种不同的购物方式。虽然同样是购物，但前者促进孩子的
成长。

首尔大学医学专业的徐柳轩教授认为逛街有利于大脑健康。与孩子一
起从有餐厅的商场的最高层开始，一起观赏各种颜色与样式的衣服，一起
品味香水与化妆品的香气。眼睛与耳朵、鼻子与身体都会在这个过程中得
到锻炼，因此有利于右脑发育。

在超市购物也是一样。在去购物之前把孩子需要的、妈妈需要的都写
在清单上，然后让孩子在超市寻找。在超市里集中精力寻找需要的商品，
能培养孩子的专注力与空间感知能力。

老师笔记

　　简单的思维方式的转变就能让平凡的生活变得不凡。家庭教
育不需要在特殊的地方进行。不能让孩子产生"只要和爸爸妈妈
在一起就要学习"的想法。最好在趣味性十足的过程中有效地教
育到孩子。不用特意抽出时间，孩子与父母在一起就能学会责任
感和决定能力等人生中必备的能力。

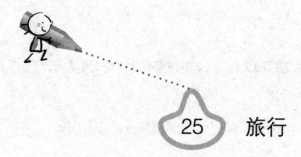

25　旅行

听到"旅行"这个单词就觉得兴奋吧？但是有了孩子之后，似乎再也不能像单身和结婚前那样去旅行了。要照顾孩子，而且孩子还要去辅导班。但是看到其他孩子都在父母的带领下"体验不同的风情地貌"，如果不带孩子去旅行，心里会一直不安。大部分父母与孩子的旅行是这样开始的。

繁忙之中父母制定旅行日程。准备好自己与孩子的行李。为了"以防万一"带了许多东西。旅行途中如果孩子不听话或者孩子们之间出现矛盾，父母就会十分生气。去了几个主要的旅游景点后，回来让孩子写感想。这到底是为了谁的旅行呢？如果想有一个父母和孩子都开心的旅行，就请忍耐孩子吧。这样孩子也会变得更加积极真诚，更加享受旅行。

（1）制定旅行计划

效果：元认知能力，空间感觉，决定能力，积极参与，计划能力，责任感

准备物品：电脑、地图、书写用具、笔记本

先一起确定旅游地点吧。如果孩子不知道去哪儿，可以给孩子几个选项，多方面比较后决定。

（例）候选地：①统营 ②智异山 ③庆州

现在的孩子们从小就接触电脑，都是所谓的"检索大王"。因此对于这件事他们完全有能力做到。去孩子看过的书中或者电影中出现的地方旅行也不错。在旅行之前，先调查与旅游地相关的人物或故事。可以去图书馆借阅关于旅游地的书籍。经常寻找关于旅游地的资料，会刺激孩子的好奇心。

孩子通过各种游记和照片确定有名的风景和特色美食，然后父母和孩子一起在地图上用圆圈画出决定的旅游地，并一起制订计划。

（例）去统营一定要去的地方，想吃的东西，每天的早、中、晚日程

（2）整理行李包

效果：责任感，独立性，计划能力

准备物品：便于携带的包、各种旅行用品

让孩子自己把需要的物品整理到包中。旅行要穿的衣服、文具、电子设备、玩具等，让孩子自己收拾。当然，在旅行出发前，父母应该再检查一遍。

（3）旅行日记

效果：观察力，积极性，情商

准备物品：书写用具、笔记本、照相机

旅行途中最好写旅行日记。日记可以是文字的形式，也可以是图画的

形式。并且把照相机给孩子，让孩子拍照。也可以使用手机。孩子在用相机捕捉喜欢的景色、家人们特别的瞬间时，会越来越享受旅行。

（4）陌生地方的招待

效果：观察力，好奇心

准备物品：书写用具、笔记本、照相机

旅行时，孩子对再细微的小事物也想用相机记录下来。每一个细节都是那么新奇，所以会一个个仔细地观察。从熟悉的地方来到陌生的地方，想想就很激动。为了体验这种新奇感和兴奋之情，我们可以经常旅行。但不旅行也能够体会到这种感觉。让我们来把熟悉的地方变为陌生的地方吧。

大家长大后都再次去过小时候上学的学校吧？小时候看上去那么大的学校，长大后感觉那么小。也许现在孩子眼中的世界，就比我们父母眼中的世界大很多。所以父母与孩子手拉手在小区里闲逛，就可以让孩子有新的感觉。

和孩子一起在小区里闲逛，进行"陌生地方的招待"计划吧。再熟悉的地方，有了相机的记录也会变得陌生。看上去平淡无奇的景色，相机中呈现出来的也许会很美。而漂亮的景色也许难以用相机呈现出来。用相机记录，是把熟悉的地方变为陌生地方的一个好方法。也可以把景色画下来。另外，带上放大镜，观察昆虫、植物也是把熟悉的地方变得陌生的方法之一。

一辈子我们能有几次离开家的机会呢？旅行是最好的学习。

准备旅行时，让孩子参与进来，能使孩子更加积极地享受旅行。

请把一些父母的责任交给孩子吧。

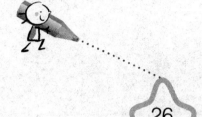

26 用"照片"制造回忆

小时候的记忆并不完整。帮助我们寻找到碎片般记忆的方法是照片。孩子长大后，打开相册，不断发出感慨："原来那时候有过这样的事。原来爸爸妈妈这么爱我。"父母也是沉浸在回忆中，"那时候的你多么可爱漂亮啊……"

现代社会，人们可以把电子照片保存在博客和各种网络空间中，也可以把电子照片上传到与家人沟通共享的空间。但这与洗出来后制作成相册的照片有所不同。在有的网站能帮助制作相册。我们可以使用各种方法，按照时间整理个人的历史、家庭的历史。然后在孩子结婚那天把照片作为礼物送给他。整理照片的过程可以与孩子一起。

效果：感知情绪，记忆，感情移入能力，语言能力

为照片起名字

为照片起一个合适有趣的名字。家庭所有成员可以参与进来，发挥自己的创意，然后选择最合适的。

照片说明

写下照片当时的情景与感觉。

观察他人表情，推测当时的想法

观察照片中家人们的表情，推测出拍照时他们的想法。父母猜孩子的想法，孩子猜父母的想法，然后说出自己当时的真正想法。如果实在想不起，可以自己编。如果照片无意拍到了路人，可以想象这个人是什么样的人。

开摄影展

所有家庭成员平时都会拍许多照片。把所有照片分别写上拍照人的名字挂在客厅里开摄影展。当亲友来访时，请他们在这些照片中选择有趣的照片、独特的照片和喜欢的照片。得票最多的为最佳摄影师。

老师笔记

现在"主题"泛滥，请以"照片"为主题，思考能和孩子一起做什么吧。除了本书中提到的，思考有没有其它活动能和孩子一起去做。

赋予孩子角色

为孩子营造环境十分重要。孩子与大人一样，很容易受环境影响。我们之所以去图书馆，就是因为那里的学习氛围浓厚。男女恋爱时也经常受环境左右。孩子也是这样。所以给他们贴上"标签"后，孩子的态度会发生转变。

我上课时经常称呼孩子们为"学者们"。角色扮演游戏时，我叫他们"金演员""崔演员"。语文课上叫他们"作家们"。

这样做能看到孩子们认真的态度。

金春洙诗人的《花》这首诗，我越读越觉得意义深刻。就像这句"当我叫他名字的时候，他向我走来，变成了一朵花"，当我用温暖的视线望着孩子们时，他们都变成了我特别的弟子。

教室里每次打架必参与的孩子，总是顶嘴影响上课的孩子，巧妙的挑拨朋友关系的孩子……对于这些孩子，我首先接受了他们。我把爱打架的孩子称为"正义的使者"，把爱顶嘴的孩子称为"逻辑王"，把挑拨他人的孩子称为"我们班的和平守护者"，此后这些孩子的态度有了180度的大转弯。他们的转变也让身为教师的我感到吃惊。

在家里也是一样。孩子画画时称呼他为"画家"吧。给孩子拍照的机会，称呼他为"摄影师"。也可以称孩子为"小学者""小作家""导演"等。

当孩子帮忙做家务时，可以称之为"料理师""家庭管家"。按照不同的角色命名，能让孩子从中产生责任感，变得更加努力。

赋予孩子角色还有另外的意义。现在越来越多的孩子感到无聊，做什么事都有气无力。赋予这样的孩子角色以及责任，会让他们慢慢转变态度，即可以提高他们的自豪感。

妈妈也是如此。不止向孩子展示"妈妈"的角色，也可以产生教育效果。孩子放学回家后，不会一直吵着要见每周外出做志愿活动的妈妈。对于妈妈有意义的角色，孩子也会给予鼓励和支持。

附　录

可以马上复印使用的资料

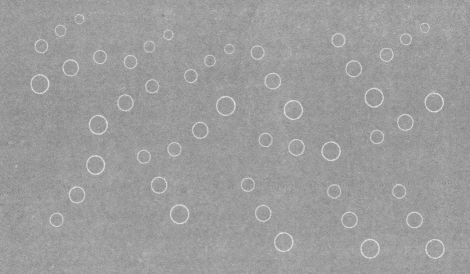

查对清单

实践项目	座右铭:														
	今天我的一天														
	1	2	3	4	5	6	7	8	9	10	11	12	13	14	15
	☐	☐	☐	☐	☐	☐	☐	☐	☐	☐	☐	☐	☐	☐	☐
	☐	☐	☐	☐	☐	☐	☐	☐	☐	☐	☐	☐	☐	☐	☐
	☐	☐	☐	☐	☐	☐	☐	☐	☐	☐	☐	☐	☐	☐	☐
	☐	☐	☐	☐	☐	☐	☐	☐	☐	☐	☐	☐	☐	☐	☐
	☐	☐	☐	☐	☐	☐	☐	☐	☐	☐	☐	☐	☐	☐	☐
	☐	☐	☐	☐	☐	☐	☐	☐	☐	☐	☐	☐	☐	☐	☐
	☐	☐	☐	☐	☐	☐	☐	☐	☐	☐	☐	☐	☐	☐	☐
	☐	☐	☐	☐	☐	☐	☐	☐	☐	☐	☐	☐	☐	☐	☐
	☐	☐	☐	☐	☐	☐	☐	☐	☐	☐	☐	☐	☐	☐	☐
	☐	☐	☐	☐	☐	☐	☐	☐	☐	☐	☐	☐	☐	☐	☐
	☐	☐	☐	☐	☐	☐	☐	☐	☐	☐	☐	☐	☐	☐	☐
	☐	☐	☐	☐	☐	☐	☐	☐	☐	☐	☐	☐	☐	☐	☐
	☐	☐	☐	☐	☐	☐	☐	☐	☐	☐	☐	☐	☐	☐	☐
	☐	☐	☐	☐	☐	☐	☐	☐	☐	☐	☐	☐	☐	☐	☐
	☐	☐	☐	☐	☐	☐	☐	☐	☐	☐	☐	☐	☐	☐	☐
	☐	☐	☐	☐	☐	☐	☐	☐	☐	☐	☐	☐	☐	☐	☐

座右铭：														
今天我的一天														
实践项目	16	17	18	19	20	21	22	23	24	25	26	27	28	29	30
	□	□	□	□	□	□	□	□	□	□	□	□	□	□	□
	□	□	□	□	□	□	□	□	□	□	□	□	□	□	□
	□	□	□	□	□	□	□	□	□	□	□	□	□	□	□
	□	□	□	□	□	□	□	□	□	□	□	□	□	□	□
	□	□	□	□	□	□	□	□	□	□	□	□	□	□	□
	□	□	□	□	□	□	□	□	□	□	□	□	□	□	□
	□	□	□	□	□	□	□	□	□	□	□	□	□	□	□
	□	□	□	□	□	□	□	□	□	□	□	□	□	□	□
	□	□	□	□	□	□	□	□	□	□	□	□	□	□	□
	□	□	□	□	□	□	□	□	□	□	□	□	□	□	□
	□	□	□	□	□	□	□	□	□	□	□	□	□	□	□
	□	□	□	□	□	□	□	□	□	□	□	□	□	□	□
	□	□	□	□	□	□	□	□	□	□	□	□	□	□	□
	□	□	□	□	□	□	□	□	□	□	□	□	□	□	□
	□	□	□	□	□	□	□	□	□	□	□	□	□	□	□
	□	□	□	□	□	□	□	□	□	□	□	□	□	□	□
	□	□	□	□	□	□	□	□	□	□	□	□	□	□	□

家庭打工合同书

家庭打工合同书

项目	零花钱

我_____会认真打工。希望父母在我完成以上项目时，能及时支付酬劳。

年　　月　　日

签约人　（盖章）

签约人　（盖章）

爱立方
Love cubic

育儿智慧分享者

现在的我，宁愿慢下来，

和宝贝一起欣赏这个世界的美丽。